BEKKENBODEM EN SEKSU

Voor mijn kleinkinderen

Helle Gotved

BEKKENBODEM EN SEKSUALITEIT

- Ontdek je bekkenbodem
- Train je bekkenbodemspieren
- Ervaar meer plezier van je eigen lichaam
- Waarom je bekkenbodem zo belangrijk is

De Driehoek / Amsterdam

Dit boek is met de grootste zorg samengesteld. Niettemin kunnen noch de schrijfster noch de uitgeverij aansprakelijk worden gesteld voor eventuele nadelige gevolgen of schade die uit dit boek zouden voortvloeien.

Oorspronkelijke titel: Bækkenbund og Seksualitet

Vertaling: Annie Classens

Tekeningen: Liane en Friedrich Hartmann, Nagold;
blz. 19: Christine Lackner

Omslagfoto: Steve Taylor – Tony Stone Images

ISBN 90-6030-631-7 NUGI 715/734

Inhoud

Meer lichaamsbewustzijn door informatie

Onderricht in ontspanningstechnieken, training en bewegingsleer maken deel uit van wat men kan doen om seksuele problemen te verhelpen. Alleen de vrouw zelf is in staat de natuur te helpen om de nodige krachten te produceren. Voorwaarde daarbij is een doordacht geheel van instructies om de natuurlijke aanleg tot zijn recht te laten komen en verlorengegane krachten weer terug te krijgen.

Voor wie heb ik dit boek geschreven?

Dit boek heb ik geschreven voor gezonde en over het algemeen tevreden mensen, die echter het idee hebben niet voldoende op de hoogte te zijn van het belang en de betekenis van spieren en dan met name de bekkenbodemspieren voor de kwaliteit van hun seksuele leven. Het boek is ook bedoeld voor mensen die over hun eigen oplossingen niet tevreden zijn en voor hen die – mogelijk door een 'slap' geworden vagina – niet meer een orgasme kunnen krijgen en dat vermogen weer hopen terug te krijgen. Het richt zich tot lezers die graag zelf actief willen worden en tenslotte ook tot degenen die er wat voor over hebben seksualiteit voor de volgende generatie op een meer natuurlijke wijze gestalte te geven door fundamentelere voorlichting maar ook betere lichamelijke opvoeding, inclusief kennis van de 'verborgen spieren'.

Dit boek, dat met name voor vrouwen is geschreven, gaat in eerste instantie over hun lichaam en hun genotsbeleving. Maar ook mannen hebben er baat bij, want bij de lichamelijke liefde heeft een krachtigere vrouwelijke bekkenbodemmusculatuur ook een positieve uitwerking op hun genotsbeleving.

De oorzaak van menig probleem bij geslachtsverkeer ligt misschien in het natuurlijke verschil: 'Het zwaard is zichtbaar, maar de schede verborgen'. Anders dan bij de vrouw, was het voor de man waarschijnlijk altijd zo klaar als een klontje welke van zijn seksuele activiteiten hem een orgasme bezorgden. De 'uitrusting' van de man is zichtbaar, maar de vrouw kent haar instrument meestal niet. De 'spiermanchet' die de vrouw moet aanspannen, heeft ze nooit kunnen zien; misschien heeft ze er zelfs nooit van gehoord.

We moeten teruggaan tot de opvoeding in de kinderjaren, waarin de geslachtsorganen van het meisje vergeleken met die van de jongen duidelijk gediscrimineerd worden. Het vaak genoemde kleine verschil zit hem in het '*zichtbare* zwaard' (penis) en de *verborgen* schede; het verschil in behandeling blijkt uit het feit dat de jongen aan zijn penis mag komen – bij het plassen moet hij dat zelfs. Hij kent zijn penis, is er trots op en vindt hem interessant. Het meisje daarentegen heeft nooit het orgaan gezien dat de penis moet omsluiten. Als ze nieuwsgierig probeert haar geslachtsdelen te onderzoeken, krijgt ze meestal te horen: 'Afblijven'.

Dit gebied van het lichaam lijkt met vooroordelen overladen en met schaamtegevoelens gepaard te gaan. Vaak wordt een meisje, als het om haar geslachtelijkheid gaat, aan haar lot overgelaten. Misschien ontdekt ze stiekem haar clitoris, maar er is niemand die haar erop attent maakt wat die met het wonderlijke gevoel te maken heeft dat ze binnen in de vagina kan voelen bij bijvoorbeeld touwklimmen bij gymnastiekles.

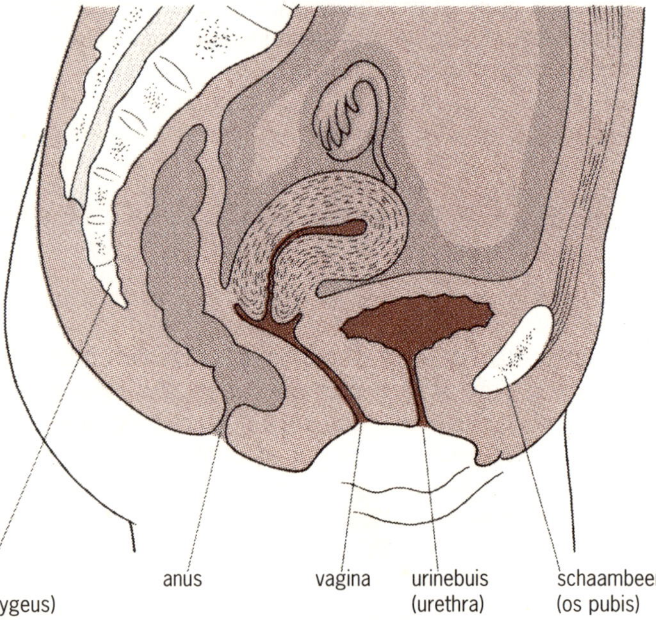

Afbeelding 1

Bekkenbodem, spieren en seksualiteit

Niet zelden stuit men als men een probleem aanpakt op een volgend probleem: tijdens de tientallen jaren dat ik me bezighield met het thema 'spieren van de bekkenbodem en incontinentie' (het onvermogen de urinebuis in stresssituaties gesloten te houden: denk aan hoesten, niezen, tillen, huppelen, lopen – kortom alle situaties waarbij de druk in de buikholte plotseling toeneemt), was er één ding dat me in het bijzonder opviel. Volgens de statistiek zou 50% van alle vrouwen op zijn minst periodiek last hebben van incontinentie en dit aantal zou met de jaren toenemen. Veel vrouwen zullen dus als ze ouder worden met pijnlijke situaties geconfronteerd worden. Deze klacht wordt in veel gevallen uit angst voor negatieve opmerkingen verzwegen – voor mij een reden te meer om ook hierover een boek te schrijven.

In feite kent de helft van alle vrouwen uit eigen ervaring het incontinentieprobleem. Als uit artikelen over seksualiteit tegelijkertijd blijkt dat heel veel vrouwen niet in staat zijn een orgasme te krijgen, dan is het zo goed als onvermijdelijk dat men aan een verband gaat denken tussen deze beide omstandigheden. Daarom lijkt meer inzicht in de functie van de spieren van de bekkenbodem dringend gewenst.

Ken je je bekkenbodem?

De musculatuur van de bekkenbodem heeft verschillende taken. Een daarvan is dat deze spieren de ingewanden moeten dragen, maar ze hebben ook een functie bij het geslachtsverkeer en over dit laatste gaat dit boek.

Een eerste probleem is dat veel vrouwen over deze spieren helemaal niets weten – wat geen verbazing hoeft te wekken. We hebben namelijk nooit iets over deze spieren geleerd. En het is niet alleen zo dat wij deze spieren nooit hebben gezien, er rustte ook nog eens een taboe op – als kind kon je er alleen maar stiekem aankomen.

De spieren van de bekkenbodem worden bijna nooit gerekend tot het bewegingsapparaat met als gevolg dat oefening en training ervan buiten het kader van de gymlesssen valt. Ze krijgen pas aandacht bij de voorbereidingen voor een bevalling en dat lijkt mij een beetje laat.
Daarom zouden er ook verplichte voorbereidende cursussen moeten zijn voor men met een langdurige relatie begint – niet alleen seksuele voorlichting maar ook een elementaire seksuele scholing zodat een vrouw niet lichamelijk onvoorbereid in een relatie of huwelijk stapt en dan teleurgesteld wordt en misschien voor koud of frigide wordt gehouden.
Als een vrouw de spieren van haar bekkenbodem niet kan voelen, als ze niet weet hoe ze in elkaar zitten, dan heeft ze geen inzicht in de functie van deze spieren en kan ze er niet echt gebruik van maken. Daarmee verliest ze een belangrijke mogelijkheid om tot een orgasme te komen.

Het geheel van lichaam en ziel ervaren

'Met je ziel word je verliefd op iemand, met je lichaam voltrek je de gemeenschap', wordt wel gezegd. De eerste stap geeft nauwelijks problemen, maar bij de tweede kunnen ze des te gemakkelijker ontstaan. Daarom is het erg belangrijk dat de vrouw meer over zichzelf ervaart. Dat vergt oefening en – wil het liefdesgeluk compleet zijn – niet in de laatste plaats het vermogen tot het bewust aanspannen en ontspannen van de bekkenbodemspieren. Veel hangt daarbij af van de constitutie van de bekkenbodem – die is immers een stukje van het mozaïek, een deel van het geheel dat de mens is. Er zijn veel factoren die dit geheel in lichamelijke of in psychische zin kunnen verstoren, maar het orgasmeprobleem staat centraal.

Meer lichaamsbewustzijn door informatie

Onderricht in ontspanningstechnieken, training en bewegingsleer maken deel uit van wat men kan doen om seksuele problemen te verhelpen. Alleen de vrouw zelf is in staat de natuur te helpen om de nodige krachten te produceren. Voorwaarde daarbij is een doordacht geheel van instructies om de natuurlijke aanleg tot zijn recht te laten komen en verlorengegane krachten weer terug te krijgen.

Basisgegevens over de spieren

Spieren laten zich aanspannen en ontspannen – dat kan bewust worden gedaan en is noodzakelijk om zowel het een als het ander te trainen. Als spieren niet worden gebruikt voor datgene waarvoor ze bedoeld zijn, worden, ze minder krachtig en verschrompelen ze. Zwakke spieren kunnen, bij doelgericht gebruik, weer worden aangesterkt. Een spier verliest bijna nooit zijn natuurlijke vermogen om door oefening te herstellen.

- We hebben spieren die gewrichten bewegen – bijvoorbeeld de buig- en strekspieren van de arm. Deze spieren kunnen we zien en aanraken. Hoe ze functioneren is gemakkelijk te begrijpen, gewoon door het met verschillende zintuigen bij het buigen en strekken van de arm te constateren. Daarom is het niet moeilijk dergelijke spieren te trainen als ze om de een of andere reden verslapt zijn.

- We hebben echter ook spieren die niet bedoeld zijn voor het bewegen van gewrichten en die evenmin te zien zijn; het trainen van deze spieren is minder gemakkelijk, omdat we in dit geval alleen door ons gevoel voor deze spieren worden geholpen, een gevoel dat misschien nog helemaal niet 'voor handen' is. Uit dit type spieren bestaat de bekkenbodem. Zij hebben als taak de verschillende openingen af te sluiten en de ingewanden te ondersteunen.

Een verzwakking van de musculatuur van de bekkenbodem kan verschillende oorzaken hebben: te grote belasting en te weinig bewust gebruik, letsel door een bevalling, hormonale veranderingen in de overgangsjaren met verminderde doorbloeding en verschrompelen van weefsel. Bovendien gaat het bij de bekkenbodem nog vaak om een 'taboe-zone'. Ontoereikende kennis van de functies van de bekkenbodemspieren, de afwezigheid van een bewustzijn van deze spieren, speelt een erg grote rol bij het niet kunnen komen tot een orgasme. De conditie van de bekkenbodemmusculatuur werd verwaarloosd omdat de mogelijkheden van de spieren niet voldoende ingezet werden.

Aan het begin van een training kan het moeilijk zijn de spieren die moeten worden getraind, te 'vinden' en er impulsen naar uit te zenden – ik kom hierop nog terug. Bovendien leert de ervaring dat te hoge druk in de onderbuik (de intrapelvine druk) de gevoeligheid voor de spieren in de bekkenbodem kan bemoeilijken.

Zelfs als de spieren zwak zijn, kunnen ze toch gespannen zijn. Daarom is het belangrijk dat men het onderscheid leert tussen het gevoel bij ontspannen en dat bij aanspannen (zie voor ontspanning blz. 49 e.v.).
Spieren werken als ze afwisselend worden aangespannen en ontspannen. Deze ritmische afwisseling van twee tegenstellingen komt in ons leven in allerlei verschijningsvormen tot uiting. Beide delen (polen, mogelijkheden, functies) zijn van belang. Dat geldt ook voor het orgasme.

Beschouwingen over het orgasme

Op deze plaats wil ik graag in het algemeen wat over natuur en zenuwstelsel zeggen. In de natuur vindt men elementen die elkaar voortdurend opbouwen en afbreken. In al deze relaties gaat het om toenemen en afnemen, om een ritmische afwisseling tussen aanspannen en ontspannen. Deze afwisseling kan snel plaatsvinden zoals bij een golf of langzaam zoals bij de jaargetijden. De mens is eveneens een deel van de natuur, een levend organisme waarin ieder afzonderlijk orgaan aan dezelfde natuurwetten als het complete organisme is onderworpen. We ervaren op allerlei wijzen en in allerlei snelheden ritmisch toe- en afnemen. Onze ademhaling gehoorzaamt aan een snelle afwisseling net als een golf; onze werklust en onze behoefte aan rust volgen een 24-uurs-ritme. Vrouwen hebben hun menstruatieritme. Ook de seksuele drift ontstaat volgens een ritme in de vorm van een opladen dat naar zijn ontlading in de vorm van een orgasme streeft.

De mens is een weerspiegeling van de natuur met verscholen in zijn organisme een voorspelbare orde. Ook in ons zenuwstelsel vindt men deze orde van de natuur terug en ook hier vindt men twee tegenpolen die elkaar in evenwicht houden – iets wat beweegt en iets wat remt. Op ons bewegingsapparaat kunnen we aanzienlijke invloed uitoefenen. Zoals je hiervoor al hebt gelezen, kunnen we het aanspannen van spieren ons bewust voornemen en kunnen we bewust impulsen van tegengestelde aard uitzenden om die spanning weer op te heffen.

Met onze inwendige organen gaat het er anders aan toe – hierop kan de wil geen invloed uitoefenen. De inwendige organen worden door het vegetatieve (autonome) zenuwstelsel gestuurd, een stelsel dat zichzelf reguleert, dat wil zeggen dat het zonder medewerking van de wil functioneert. Op dezelfde wijze als we bij het willekeurige (somatische) zenuwstelsel twee tegenstellingen kennen – aanspannen en ontspannen – bestaan er ook in het autonome (vegetatieve) stelsel twee tegengestelde reactiewijzen: een dat dempt en een dat stimuleert. De twee delen vormen samen een belangrijk reguleringsmechanisme dat het organisme voortdurend aan de situatie van het moment moet aanpassen.

Leven in balans

De mens is in balans als gedurende een langere periode noch de dempende noch de stimulerende reacties de overhand krijgen maar er een ritmische afwisseling van beide reacties is. Met al onze handelingen streven wij naar het in stand houden van een evenwicht door het voorzien in onze behoeften: We rusten als we moe zijn, we eten als we hongerig zijn. Een behoefte brengt ons er toe naar de bevrediging ervan te zoeken; lukt ons dat niet, dan raken we geprikkeld en uit balans.

Volgens het zelfde principe verloopt het bij de seksuele 'honger' en de bevrediging ervan door het orgasme. Brengt geslachtsverkeer niet een orgasme, dan verdwijnt de spanning niet. Men kan hierdoor op een ondraaglijke wijze uit zijn evenwicht raken en op de lange termijn kan het verschrikkelijk zijn.

Oorzaken van het orgasme

Een orgasme kan op verschillende manieren teweeggebracht worden. Enerzijds door het alleen stimuleren van de kittelaar (clitoris) zoals in veel boeken beschreven en anderzijds door het stimuleren van de schede of vagina. Er kan daarom van een clitoraal orgasme en van een vaginaal orgasme worden gesproken. Daarbij gaat het niet om of-of. Beide vormen kunnen ook naast elkaar bestaan.

De meeste vrouwen kennen het clitorale orgasme, maar niet alle vrouwen kennen het vaginale orgasme. Vrouwen die alleen het clitorale orgasme kennen, zitten lichamelijk en psychisch niet anders in elkaar dan vrouwen die tevens het vaginale orgasme kennen, maar hun seksuele functies zijn om uiteenlopende redenen niet zo veelzijdig ontwikkeld als van nature in potentie aanwezig. Het orgasme wordt ervaren als het hoogtepunt van een genotvolle spanning die uitmondt in een heerlijke ontspanning.

Jezelf ontspanning verschaffen

Natuurlijk kan men het gewenste orgasme ook door zelfbevrediging krijgen – een aangename en geschikte mogelijkheid als men zelf het zenuwstelsel in evenwicht wil brengen. Het is immers altijd belangrijk met het eigen lichaam vertrouwd te zijn. Er zou dan ook een beter woord voor onanie (zelfbevrediging) moeten komen, want het heeft voor nogal wat mensen de bijbetekenis dat het een verboden handeling zou zijn. Het belangrijkste doel van zelfbevrediging is echter een vegetatieve rechttrekking, het bewerkstelligen van een evenwichtstoestand in het vegetatieve zenuwstelsel. De drijvende kracht die hieraan ten grondslag ligt, is opgelopen spanning terwijl de spanningstoestand in het organisme naar een verandering richting het tegendeel verlangt. En deze wordt bereikt als de spanning op het hoogtepunt, in het orgasme, als een golf 'breekt'.

● De spanning gaat over in ontspanning – een natuurlijke behoefte wordt bevredigd. Op welke wijze men tot een orgasme komt is ethisch naar mijn mening niet van belang. Het is een feit dat de behoefte bij de een groter kan zijn dan bij de ander. De natuur beschikt voor het bereiken van haar doelen altijd over verschillende mogelijkheden en ook een orgasme kan op allerlei manieren worden teweeggebracht.

Wat wil dit boek?

Het belangrijkste doel van dit boek is het geven van een beschrijving van de wijze waarop de vrouw tijdens de geslachtsdaad met behulp van de spieren rond haar vagina naar een orgasme kan toewerken. In het nu volgende wordt uitgelegd waar precies in het bekken de vagina en de andere organen in de onderbuik liggen.

De vagina

Op afbeelding 1 – zie blz. 8 – ziet men dat de baarmoeder achter de urineblaas ligt en deze weer direct achter het schaambeen. De urinebuis is zo'n 4 cm lang en je ziet dat de vagina aanzienlijk langer is (zo'n 7 à 10 cm) en een schuin verloop heeft.

Kenmerkend voor de vagina is dat ze gemakkelijk oprekt. Ze heeft geen sluitspier zoals de urinebuis en de endeldarm – het zijn de eromheen liggende bekkenspieren die de vagina nauwer kunnen maken door omhoogtrekken en samentrekken. De vagina bestaat uit de zogeheten 'gladde' spieren, dat wil zeggen uit orgaanspieren waarop onze wil geen invloed heeft. De vagina is van binnen met een dik slijmvlies bekleed. De voorwand van de vagina is nauw verbonden met de achterwand van de urinebuis, wat met zich meebrengt dat ze alle twee tot op zekere hoogte hetzelfde beleven.

Als de bekkenbodemmusculatuur zo slap is en zo slecht functioneert dat de baarmoeder naar voren kantelt, kan met de baarmoeder ook de urineblaas naar beneden worden getrokken.

De vagina is rijkelijk voorzien van bloedvaten. Rondom ligt een vlechtwerk van slagaderen en aderen (de slagaders brengen het bloed vanuit het 'pompende' hart naar alle uithoeken van het lichaam om via de aderen, vanwege de spieren die het op pompen, weer terug te keren naar het hart, we spreken daarom ook wel van de 'hartpomp'). Een orgasme kan een zelfde uitwerking hebben als deze hartpomp waarbij de warmte zich over het hele lichaam verspreid.

In de vagina bevinden zich geen klieren en ze wordt vochtig gehouden door een vloeibare stof die door de vaginawand dringt, dat heet *lubricatie*. Na het climacterium (overgang) neemt de vochthoeveelheid af door gebrek aan oestrogenen. Vrouwen ervaren hun vagina dan als droog en pijngevoelig. Om de penis in de vagina te kunnen brengen is er voor de vagina een voldoende hoge vochtigheidsgraad nodig. Hiervoor kan men hormoonpillen innemen of de vagina met hormooncrème inwrijven en ook glijmiddelen, amandelolie e.d. bieden uitkomst.

In de vagina zelf bevindt zich zo goed als geen gevoelszenuw, in de omringende spieren daarentegen wel en die gaan we nu bekijken.

De vaginaspieren

● Afbeelding 2 is hetzelfde als afbeelding 1, maar nu zijn er ook enkele bekkenbodemspieren weergegeven. De ophanging van de vaginaspieren doet een beetje denken aan een hangmat. De spieren liggen als een elastische band gespannen tussen aan de ene zijde de binnenkant van het schaambeen (latijn *Os pubis*) en aan de andere zijde het stuitbeen (*Os coccygeus*) met bovendien een lus om de vagina en om de endeldarm. De spieren zitten vast aan het stuitbeen maar ook nog een keer aan een streng pezen die van het stuitbeen naar de achterkant van de endeldarm loopt. Deze gehele spierbundel heet in het latijn *Musculus pubococcygeus,* reden waarom wij hem de pc-spier noemen. Een moeilijk woord maar logisch van opbouw – spieren worden immers genoemd naar de botten waaraan ze vastzitten.

● Afbeelding 3 toont weer de pubococcygeus-spier maar nu van bovenaf gezien. Je kunt nu zien dat de spier uit 3 bundels bestaat die alle drie aan de binnenzijde van het schaambeen ontspringen (vergelijk ze ook met afbeelding 2). Eén bundel, de buitenste, loopt van het schaambeen (Os pubis) naar het stuitje (Os coccygeus) – vandaar zijn naam. De middelste bundel legt als het ware een U-vormige lus om de endeldarm (rectum) van waar hij weer terugkeert naar het schaambeen. Als deze spierbundel wordt aangetrokken, dan wordt de endeldarm zodanig ingesnoerd dat de ontlasting niet bij de endeldarmopening (anus) kan komen. Dit deel van de spier heet *puborectalis.*

De derde bundel is voor ons het belangrijkst. Hij ontspringt net als de twee andere bundels aan het schaambeen, slingert zich vervolgens om de urinebuis en de vagina en zit dan vast in het weefsel tussen vagina en endeldarm – in het centrum van de bekkenbodem. Omdat aan de andere kant van de vagina en de urinebuis weer een parallelbundel terug naar het schaambeen loopt, geeft dit een luswerking, als de spierbundel zelf wordt aangespannen en daarmee het centrum naar voren wordt getrokken. De urinebuis en vagina zijn dus in zekere zin spierspleten in de bekkenmusculatuur en zijn daarmee stevig verbonden. Dat verklaart waarom training die deze spieren elastischer maakt, zo veel invloed heeft op de urineblaas- en het seksuele functioneren: door het samentrekken van de spierbundels rond de urinebuis en rond de vagina worden deze spieren immers krachtiger. Deze spierbundel heet *Musculus pu-*

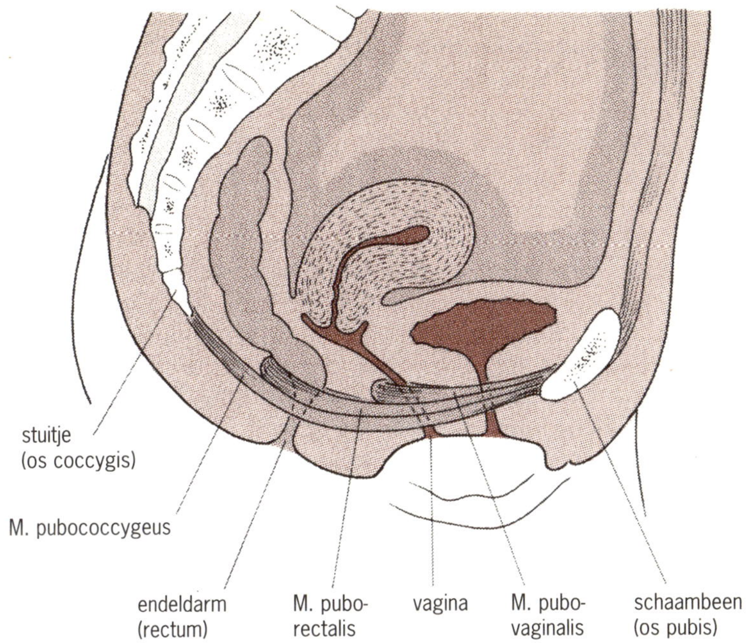

Afbeelding 2

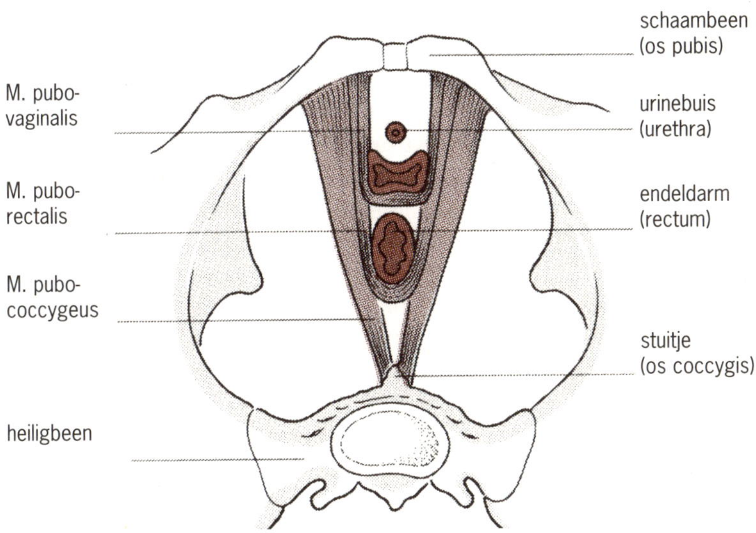

Afbeelding 3

bovaginalis en als wij onze pc-spier trainen is het met name dit deel van de vaginaspieren dat wordt verstevigd. Als we dit deel van de pc-spier bijeenknijpen, dan heeft dat tevens een zuigende werking, aangezien de hele bekkenbodemmusculatuur naar beneden toe doorbuigt en meteen ook omhoog wordt getild; zo worden vagina en urinebuis opgerekt en nog meer aangespannen.

De spieren laten 'spelen': Zich bezighouden met anatomie en afbeeldingen is heel goed om te zien hoe alles met elkaar samenhangt, maar begrijpen hoe het functioneert kan alleen door het zelf te voelen. Laat je er daarom niet van weerhouden de binnenkant van je vagina te betasten – niets ligt meer voor de hand als je precies wilt weten, hoe die in elkaar zit. Breng voorzichtig je middelvinger omhoog in je vagina en voel hoe ruim en diep je vagina is en ook dat je de ruimte ervan bewust kunt samentrekken of nauwer maken. Gebruik je vinger ook om je pc-spier te prikkelen, dat wil zeggen: probeer je vinger met je pc-spier te omklemmen. Je zult merken dat de spier 'antwoordt'. Als je hele bekkenbodemmusculatuur krachtiger wordt, voel je de optillende werking als een zuigen en kun je ook duidelijk de druk van de pc-spier om je vinger voelen – zo wordt je vagina niet alleen nauwer maar ook iets naar voren getrokken. Je voelt dan de luswerking van de pc-spier.

Als een manchet: De pc-spier is heel belangrijk voor het seksueel functioneren van de vrouw. De spier ligt direct om de vaginawanden en werkt als een manchet die bijeen kan worden getrokken. Hij is echter ook rijkelijk van uiterst gevoelige zenuwuiteinden voorzien die zowel op zuiging als op druk reageren en zo de vrouw de sterke seksuele gewaarwordingen kunnen geven, wanneer de vagina wijder wordt en er een krachtige druk op wordt uitgeoefend. Die druk wordt tijdens de geslachtsdaad krachtiger, als de vrouw de vaginaspier om de penis bijeentrekt, iets dat zij kan leren en trainen.

De perineometer – een geniale uitvinding

Al in 1930 schreef Van de Velde in zijn boek *Het volkomen huwelijk* dat het oefenen van de vaginaspieren totaal was verwaarloosd en dat het geslachtsleven in dergelijke gevallen beter kon worden als het lukte de vrouwen bij te brengen, hoe ze hun bekkenbodemspieren kunnen samentrekken. 21 Jaar later schreef de Amerikaanse gynaecoloog Arnold Kegel in een artikel over de seksualiteit dat elke vrouw die klaagt over problemen op seksueel gebied, onderzocht zou moeten worden op een verkeerd functioneren van haar pubococcygeus-spier. Bij een hoog percentage van deze gevallen bleek dat de 'afwezigheid van vaginale gewaarwordingen' en zogenaamde frigiditeit te herleiden was tot het ontoereikend functioneren van deze spier. Onderzoeken toonden een nauwe samenhang tussen de kracht van de spier en de seksuele gewaarwordingen.

Het was toeval, dat Kegel dit ontdekte. Hij opereerde slechts met tegenzin vrouwen die last hadden van incontinentie (onvrijwillige urinelozing) en probeerde om in plaats daarvan hun bekkenbodemspieren te trainen. Hiervoor ontwikkelde Kegel een apparaat met een gummycylinder die in verbinding staat met een manometer – zie afbeelding 4.

Deze gummycylinder wordt in de vagina ingebracht en vervolgens moet de vrouw haar bekkenbodemspieren zo krachtig mogelijk samentrekken zonder daarbij haar buik in te trekken. Als de bekkenbodemspieren zich om de gummycylinder spannen, slaat de wijzer van de manometer (meethulpstuk) uit. Dit apparaat kreeg de naam *Kegel-perineometer*. Deze meter toont ondubbelzinnig de prestaties (gemeten in mmHg) van de vaginaspieren. Kegels onderzoek omvatte 560 patiëntes – bij de meesten van hen verdwenen de incontinentieklachten.

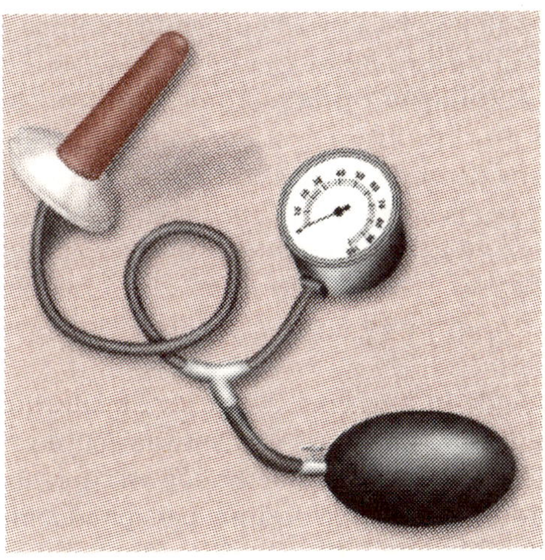

Afbeelding 4

Praktijkgeval: Genezen van incontinentie

Als een karakteristiek voorbeeld publiceerde Kegel de ziektegeschiedenis van een 42-jarige vrouw van wie het al 21-jaar bestaande huwelijk kinderloos was gebleven. Reden van de consultatie was een al zeven jaar aanwezige incontinentie. Uit onderzoek kwam naar voren dat de vagina halverwege heel ruim was. De patiënte gaf aan dat ze niet wist dat deze spier ook bewust kon worden samengetrokken. Met behulp van oefeningen met de perineometer lukte het haar om in de loop van zes weken de druk van 0 naar 12 mmHg op te voeren.

De incontinentie was daarmee genezen. Bij het laatste consult – drie maanden na het eerste bezoek – vertelde de vrouw dat zij en haar man graag 20 jaar geleden hadden geweten dat deze spieren getraind kunnen worden. Toen Kegel vroeg waarom, vertelde de patiënte dat geslachtsverkeer voor haar nooit bevredigend was geweest. Zij had heel weinig gevoeld of had de gewaarwordingen in de vagina zelfs onaangenaam gevonden. Om deze reden was het seksuele verkeer tot een paar keer per jaar beperkt gebleven. Sinds de training van haar bekkenbodemspieren hadden zij en haar man nu verscheidene keren per week seks en had zij voor het eerst in haar leven een orgasme gehad. Bij het afsluitende onderzoek bleek dat de vaginaspieren breder en dikker waren geworden terwijl de kracht van de spiercontracties nu 24 mmHg bereikte.

Twee jaar later was de seksuele relatie van het paar nog steeds bevredigend.

In samenhang met zijn werk, preciezer gezegd bij het trainen van de patiëntes, kwam Kegel – door uitspraken van patiëntes – er toevallig achter dat rechtstreeks als gevolg van het toegenomen prestatievermogen van de pubococcygeus-spier (die de urinebuis en de vagina omspant) de gevoeligheid in de vagina werd 'gewekt' en versterkt. Het resultaat voor de vrouwen was dus niet alleen herstel van incontinentie maar ook en tot hun grote verrassing een beter seksleven.

Na verloop van tijd kwam hij tot de volgende conclusie: Bij goed ontwikkelde bekkenbodemspieren zijn er weinig seksuele problemen, maar als de spieren zwak en onderontwikkeld zijn, kan men gewoonlijk ook seksuele desinteresse of ontevredenheid constateren.

Bij doelgerichte training mag men dus terecht hopen op verbetering.

Krachttest: Hoe sterk zijn mijn vaginaspieren?

De kracht van de vaginaspieren kun je zonder enig probleem zelf controleren en wel op de volgende manieren:

- Breng weer – zoals op blz. 18 besproken – je middelvinger in je vagina en probeer die dan met je bekkenbodemspieren te omklemmen. Zo voel je met je vinger de aanspanning van de spier.

- Aan te bevelen is ook de 'methode van de urinestraalonderbreking', want het is een en dezelfde spierbundel die de urinebuis en vagina omspant.
  Zo doe je het: Neem de gelegenheid waar als je een goed gevulde urineblaas hebt (bijvoorbeeld 's ochtends) en een krachtige urinestraal mag verwachten. Ga eerst na *waar* je aanspant voordat je de urine laat lopen; zo kun je de spier lokaliseren en bewust signaleren, zowel op momenten dat hij slap is als dat hij aangespannen is. Als de straal dan krachtig stroomt 'knijp' je hem af door je bekkenbodemspieren te activeren en sluit je de urinebuis *volkomen* af. Als dit je lukt, is dat een goed teken. Probeer het echter alleen zo af en toe, het is niet een oefening.

- Een derde mogelijkheid waarbij je voelt hoe krachtig je de vagina om iets heen kunt spannen, is de 'tampontest': Breng een tampon in en knijp je vaginaspieren stevig samen en probeer tegelijkertijd de tampon uit je vagina te trekken. Dus: tegelijkertijd omklemmen en trekken. Met deze test krijg je heel duidelijk antwoord op de vraag hoeveel kracht je vaginaspieren hebben.

- Als laatste is er nog de 'natuurmethode'. Het gemakkelijkst is de knijpwerking bij seks voelen omdat de penis dan in de vagina is. Misschien vind je het niet passend om deze situatie voor een spiertest te gebruiken, maar juist hierbij zou de kracht van de spier geactiveerd moet worden. Reden waarom het op zijn plaats lijkt die juist bij deze gelegenheid ook te testen.

Hersteloefeningen

Nu zetten we samen de volgende stap ervan uitgaande dat je de pc-spier hebt 'gevonden'. Je hebt hem betast, de kracht ervan onderzocht, op verschillende manieren ervaringen met de spier opgedaan en zo een zeker spierbewustzijn gekregen (je zou ook kunnen zeggen dat de spier 'wakker is geschud'). Nu zou aan de voorwaarden moeten zijn voldaan om met deze spier te kunnen gaan werken.

Een basisvoorwaarde voor elke training is dat de hersenen een bevel uitzenden naar de spier die moet worden samengetrokken. Aan de andere kant moet deze impuls ook kunnen worden ontvangen – dan is er sprake van coördinatie.

Als je net een bevalling achter de rug hebt

Direct na een bevalling kan het zijn dat het moeilijk is om de oefeningen voor de bekkenbodemspieren goed uit te voeren, omdat de coördinatie van de spieren die net extreem zijn opgerekt, nogal eens nadelige gevolgen ondervindt. Als er bovendien door een operatieve ingreep een wondnaad bij de vagina-ingang is, kan het samentrekken van de spieren pijnlijk zijn en dat weerhoudt de kersverse moeder misschien van training.

Men moet er wel rekening mee houden na het kraambed enige tijd nodig te hebben voor het herstel van de spieren – vooral als de bevalling gepaard is gegaan met een operatieve ingreep. Je moet er ook rekening mee houden dat in het begin na de bevalling seks kan tegenvallen, misschien heb jezelf nog niet echt zin, ben je te moe of voel je niets. Misschien is het alleen een kwestie van tijd; als de zenuwen vanwege de grote nieuwe verantwoordelijkheid die je nu hebt wat zijn gekalmeerd, je kind 's nachts doorslaapt en jezelf bent bijgekomen, zouden de voorwaarden weer gunstig moeten zijn.

Geen zin meer in seks?

Er is een psychologische theorie die ervan uitgaat dat het ontbreken van zin in seks bij de vrouw na een bevalling te herleiden zou zijn tot het overdragen van haar gevoelens voor haar man op haar kind – hecht daar geen geloof aan. Dit ontbreken is meestal terug te voeren op een verminderde tonus (spierspanning) na een bevalling.

Vrouwen die net een bevalling achter de rug hebben, hoort men vaak zeggen: 'Ik voel nu niet meer hetzelfde als voor de bevalling'. Daarvoor bestaat gelukkig een zuiver lichamelijke verklaring en je kunt op geheel natuurlijke wijze door training weer je normale kracht en elasticiteit van de pc-spier krijgen. Bij meer dan 50% van de vrouwen die voor het eerst bevallen, vindt een operatieve ingreep aan het perineum plaats – het kan gebeuren dat de wondnaad daarbij niet mooi is gelukt. Als het je niet lukt om de conditie van je bekkenbodemspieren weer naar tevredenheid op peil te brengen, moet je je arts raadplegen voor het laten bijwerken van het litteken.

Ik herhaal nog eens: spieren die niet overeenkomstig hun doel worden gebruikt, verslappen en verschrompelen. Ze kunnen echter weer steviger worden en in omvang toenemen als ze worden getraind – ongeacht de leeftijd –, want spieren verliezen nooit hun vermogen om te herstellen. Ik vind het iets fascinerends dat wij altijd weer in staat zijn krachten in ons op te roepen – als we dat willen.

Waarom krachtige spieren belangrijk zijn

Kracht is in feite een eigenaardig fenomeen: hoe meer krachten men nodig heeft, des te meer men krijgt. Als we er echter geen gebruik van maken, dan raken we ze kwijt. Krachten krijgt men uitsluitend en alleen door ze zelf te ontwikkelen. Een operatie is niet in staat je spierkracht te geven maar kan slechts je fysieke basisvoorwaarden veranderen. *De enige die de natuur kan helpen en meer krachten op kan wekken, ben jezelf.*

Als je dit doelgericht wilt doen, moet je het principe van de krachttraining respecteren. Dat wil zeggen: de spierspanning zo intensief mogelijk opvoeren om profijt van de oefeningen te hebben en meer kracht opwekken dan je voor mogelijk hield dat in je zat en die ook langer op een en hetzelfde niveau houden dan je voor mogelijk houdt. Na elke aanspanning moeten de spieren twee keer zo lang rusten als ze gewerkt hebben. Als je dus 5 seconden lang uit alle macht hebt aangespannen, moet je aansluitend 10 seconden pauze nemen.

Het is niet zo zeer belangrijk de knijpoefeningen vaak te doen, veel belangrijker is ze *intensief* te doen, zowel tijdens het aanspannen als tijdens het ontspannen.

Zo leren kinderen hun bekkenbodem kennen

Zoals vermeld in het begin van dit boek, mis ik vaak een adequate lichamelijke opvoeding en voorlichting bij onze kinderen. Hoe kunnen zij behalve kracht en veelzijdigheid ook een beeld van hun 'verborgen spieren' krijgen?

In het kader van het volwassenenonderwijs als het gaat om het corrigeren van verkeerd gebruik van functies, kan men gerichte oefeningen doen die direct op de bekkenbodemspieren zijn gericht. Anders is het bij gymnastiek (op school) voor kinderen: Hier zou ik niet met de speciale knijpoefeningen beginnen, maar zijn turnen en touwklimmen beter. Ik vermoed (op grond van eigen ervaring) dat op het moment dat het kind zich met de armen vasthoudt aan het touw en zich inspant om het touw met de benen te pakken te krijgen en vast te klemmen, het hele onderlijf op een krachtig grijpende beweging is ingesteld. De spieren van de bekkenbodem worden zo, samen met de spieren aan de binnenkant van de dijen, bij dit grijpen betrokken.

Volgens mij is een goede manier om eerst een paar belevenissen te vertellen en die vervolgens te verduidelijken. Kinderen hebben belangstelling voor anatomie; ze willen graag weten hoe het er bij hen van binnen uitziet. Ik zou deze gelegenheid benutten om hen met behulp van anatomieplaten wat over het functioneren van hun lichaam te vertellen.

En ook op een gegeven moment een praktische oefening, bijvoorbeeld deze:
Maak met de benen een grijpende en omklemmende beweging. Ook de spieren in de bodem van de romp die ze niet kunnen zien, stellen zich hierop in. Ik zou er dan ook op wijzen dat het met name hun spieren in de bekkenbodem zijn die hun die prettige gevoelens in hun lichaam be-

zorgen. Dit is een uitstekende gelegenheid om de anatomie voort te zetten en het meisje uit te leggen waarom het belangrijk is een sterke bekkenbodem te hebben. Dit is dan het moment waarop men met de knijpoefeningen kan beginnen.

De knijpoefening

De musculatuur van de bekkenbodem is uitzonderlijk ingewikkeld omdat de spieren alle richtingen uitgaan – naar voren en naar achteren, dwars, schuin en ook nog eens functioneren als kringspieren en lussen. Het functioneren van de bekkenbodemspieren is echter ook heel eenvoudig omdat alle spieren tegelijkertijd werken met als gevolg een algehele stevigheid die tegelijkertijd een tillende, richting middelpunt samenbrengende en bijeenhoudende werking heeft. Daarom is er uiteindelijk maar één oefening om de bekkenbodem te trainen: de zogenaamde *knijpoefening*. Variaties hierop zijn mogelijk door de oefening in verschillende houdingen te doen: staand, zittend of liggend.

Tip

Spieren aanspannen gaat het gemakkelijkst als je de spier tegelijkertijd kunt betasten. Dat heb je gemerkt toen je je vinger in je vagina stak. Je kunt echter ook van buitenaf op de hele bekkenbodem druk uitoefenen en dan de druk van binnen uit opvoeren, wat nog activerender werkt.

Staande oefening

- Deze oefening kun je bijvoorbeeld onder de douche doen.

Zet je voeten een schouderbreedte uit elkaar. Je handpalmen hebben precies de juiste breedte om je bekkenbodem te bedekken. Leg eerst je rechterhand van voren zo op je bekkenbodem dat de handwortel stevig tegen je schaambeen aan drukt – leg vervolgens je linkerhand, van achteren, tussen je benen door, over je rechterhand (omgekeerd als je linkshandig bent).

- Nu begin je met op je hele bekkenbodem gelijkmatig druk uit te oefenen. Gebruik de kracht van je armen, til jezelf krachtig op en laat tegelijkertijd de rechtermiddelvinger in je vagina omhoog glijden. Span nu uit alle macht je bekkenbodemspieren aan en houdt dit samenknijpen zo lang mogelijk vol. Zorg voor een regelmatige ademhaling en let de hele tijd op dat je het zich naar het middelpunt richtende optillen van de vagina voelt. Laat vervolgens je bekkenbodem helemaal los zodat hij helemaal ontspant.

- Waarschijnlijk heb je bij de douche geen secondenwijzer, maar die kun je je wel voorstellen. De eerste dag lukt het je misschien maar 5 seconden, maar probeer om na verloop van tijd op 10 seconden uit te komen.

Tip

Gebruik deze oefening om de vorderingen van je training te toetsen, want in deze situatie is de spanning van de spieren het duidelijkst te voelen. Je kunt hierbij voelen of je sterker bent geworden, omdat er zowel van je vinger als van je spieren zelf een 'antwoord' volgt. Je neemt tegelijkertijd twee dingen waar.
Hoe vertrouwder je wordt met het voelen van het strak samenknijpen en daarna ontspannen, des te gemakkelijker zul je in staat zijn dit ook op andere momenten in herinnering te roepen.

Zittende oefeningen

- Deze oefening kun je overigens gemakkelijk en onopgemerkt inpassen bij dingen die je zittend doet, bijvoorbeeld lezen of tv-kijken. De vagina laat zich het gemakkelijkst lokaliseren als het gewicht van het lichaam loodrecht boven de vaginaopening rust – buig je dus iets naar voren totdat je het gevoel hebt dat je goed zit. En nu knijp je uit alle macht met je liefdesspier. Misschien lukt dit je niet zonder tegelijkertijd ook de zitvlakspieren aan te spannen; dat is niet erg zolang je deze spieren maar niet met de bekkenbodemspieren verwisselt.
- Om zekerder te zijn om welke spieren het gaat, moet je in evenwicht zijn en je bovenlichaam loodrecht boven de zitbotten rusten (je kunt hierbij het beste op een harde stoel zitten). Nu kun je de zitvlakspieren ritmisch aanspannen en ontspannen. Je zult merken dat je zitvlak daarbij de ene keer omhoog en de andere keer omlaag gaat (afbeelding 5). Het is heel eenvoudig om te doen en een uitstekende manier om te voelen waar de zitvlakspieren zitten en meteen ook de doorbloeding te stimuleren.

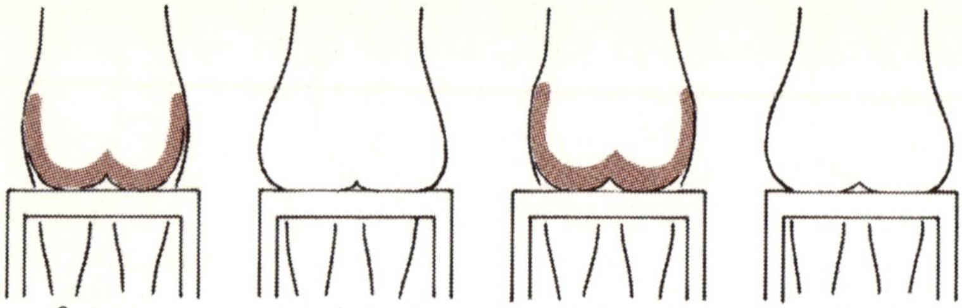

Afbeelding 5

● Buig je weer licht naar voren zodat het gewicht van het bovenlichaam precies boven je vagina-opening rust. Nu ga je ook de spieren van de bekkenbodem maar dan aanmerkelijk langzamer en bewuster in een ritmische afwisseling aanspannen en ontspannen. Je moet zowel het aanspannen als het ontspannen zorgvuldig registreren.

● Ga na of je in staat bent alleen de spieren van je bekkenbodem aan te spannen en weer te ontspannen – zonder de zitvlakspieren erbij te betrekken – zodat het je duidelijk wordt waar ze precies zitten. Hoe meer spierbewustzijn je krijgt, hoe beter.

Training van de pc-spier: Het snelle ritmische afwisselen van aanspannen en ontspannen is heel gemakkelijk bij spieren die we goed kennen. Het kan echter problematischer zijn bij de vaginaspieren die we meestal niet goed kennen. Probeer het evengoed en roep je fantasie te hulp. Stel je voor dat je de rechter- en linkerzijde van de vagina tegenelkaar klapt (zoals het klappen van twee handpalmen) – een heel korte, lichte en snelle aanspanning die je meteen weer stopt (zie afbeelding 6). Dit gevoel zal je bekend voorkomen, want precies deze korte, ritmische samentrekkingen van de vaginaspieren doen zich bij het orgasme voor. Ze komen vanzelf – zonder dat er bewust naar wordt gestreefd.

● Probeer nu dit heel bewust te doen, want door het beeld van het zachtjes klappen laat de spier zich gemakkelijker in de lengte bewegen. Misschien is het gemakkelijker voor je om de spier in beweging te brengen als je je daarbij je vagina dichtgeklapt voorstelt of juist open.

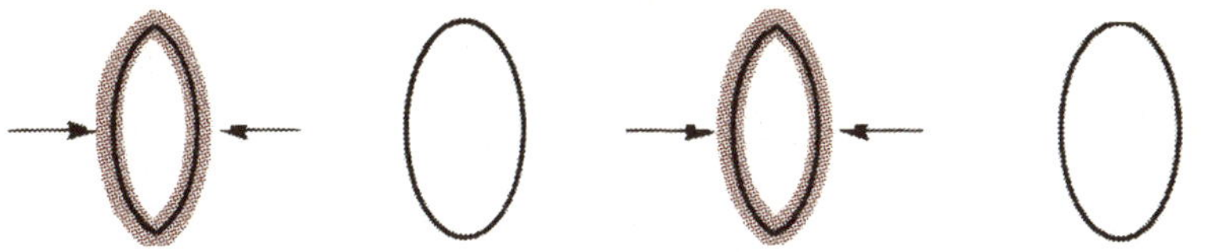

Afbeelding 6

● Als je in alle rust alleen aanspannen en ontspannen 'speelt', dan heeft dat een stabiliserende en doorbloedingbevorderende werking. Je kunt het doen zo vaak je maar wilt.
Als je je concentreert en heel bewust een *maximale* krachtsinspanning uitoefent door de bekkenbodemspieren aan te spannen, dan is dit een krachttraining die leidt tot een betere conditie. Je hoeft het maar een paar keer te doen, bijvoorbeeld 5 keer. Span de spieren uit alle macht en houdt de aanspanning 5 seconden vast, dan 10 seconden ontspannen en alles 5-maal herhalen.

Krachttraining op de fiets: Als je de krachttraining zittend wilt doen, kan ik je een bijzonder effectieve bekkenbodemtraining op een fietszadel aanraden. Het zadel zorgt voor tegendruk die overeenkomt met het gewicht van het hele bovenlichaam en resulteert in een druk met perfecte aanpassing. Doe iedere keer dat je op de fiets zit een paar stevige knijpoefeningen.

● Fiets 'in de vrij', laat de voeten op de pedalen rusten en ontspan de benen – zowel de zitvlakspieren als de spieren aan de binnenkant van de dijen. De tegendruk van het zadel laat je duidelijk voelen waar je precies moet aanspannen. Dan 'zet je je tanden' uit alle macht zolang je maar kunt in het zadel. De rustpauze dient dubbel zo lang te zijn als de krachtsinspanning. Door de druk van het zadel kun je voelen dat de spieraanspanning tegelijkertijd een omhoogtillende en een samentrekkende werking heeft. Je kunt hiermee heel effectief oefenen omdat je in deze situatie maximale krachtsinspanningen kunt leveren.

Tip

Omdat niet iedereen de gelegenheid heeft op een fietszadel te trainen, dezelfde oefening nog eens terwijl we nu een bank of een stoel met een harde zitting gebruiken. Leg hierop een stevig opgerold kussen, ga er schrijlings op zitten en 'bijt' er stevig in – zie afbeelding 7.

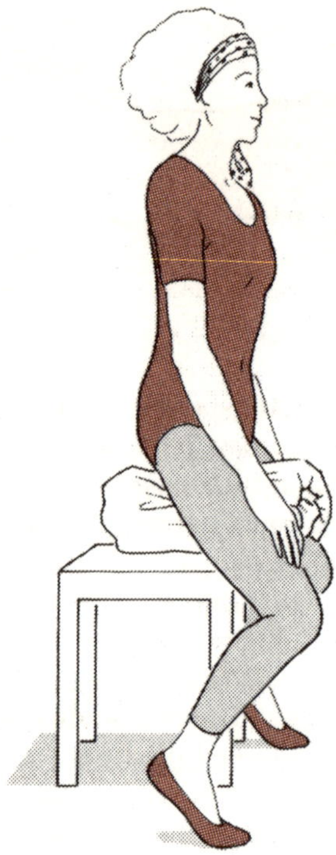

Afbeelding 7

Liggende oefeningen

Hoe krachtig je de bekkenbodem kunt aanspannen, voel je ook bij deze oefeningen die liggend wordt gedaan. Denk erom dat het ontspannen twee keer zo lang duurt als het aanspannen.

- Begin met gestrekte benen, kruis de enkels over elkaar zodat de buitenkanten van de voeten elkaar steunen – zie afbeelding 8 – dat helpt je de zitvlakspieren aan te spannen als het zitvlak erbij wordt betrokken. Je mag, zoals al gezegd, die spieren alleen niet verwisselen. Let op dat je tegelijkertijd samenknijpt, omhoogtrekt en dichtknijpt.

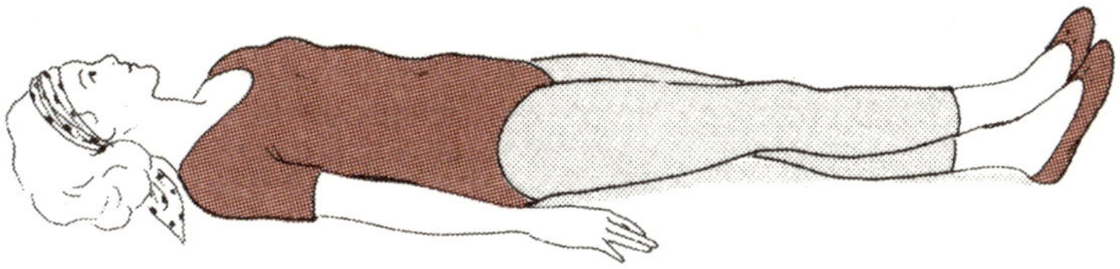

Afbeelding 8

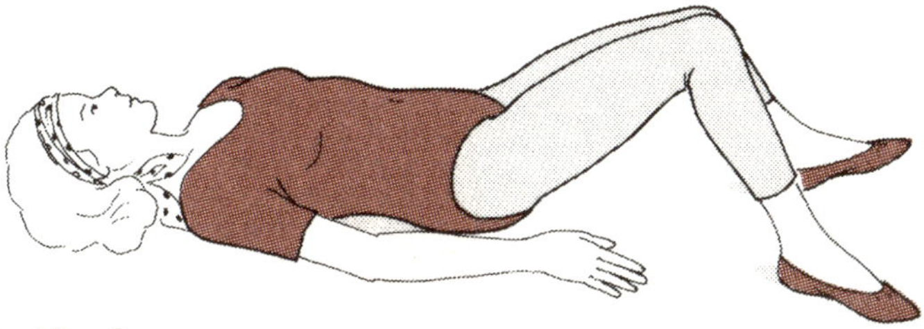

Afbeelding 9

- Bij een andere uitgangspositie lig je weer op de grond. Zet je voeten iets uitelkaar en trek je bijeengehouden knieën op. Laat je knieën tegen elkaar aan rusten en zet je voeten zo plat op de grond dat je bekken kantelt en je onderrug de vloer raakt – zie afbeelding 9. Belangrijk daarbij is niet je buik in te trekken en ook niet de adem in te houden. Nu volgt de al bekende oefening met de bekkenbodem. Je knijpt samen, zuigt naar boven en snoert dicht.

- Nu probeer je het met uiteenstaande knieën. Ontspan en laat de gebogen knieën zover mogelijk zijwaarts vallen. In deze houding kun je de zitvlakspieren niet aanspannen en daarom kan er ook geen verwarring ontstaan. Kun je nu de bekkenbodemspieren vinden en aanspannen?

Als je de oefening moeilijk vindt, leg dan een hand op de bekkenbodem. Het is immers gemakkelijker om een spier aan te spannen die je vingers tegelijkertijd voelen.

De als laatste genoemde houding is uitermate geschikt voor degenen die problemen hebben met het ontspannen – zie blz. 49 e.v.

- Heel belangrijk: Let op dat je heel bewust het ontspannen en het aanspannen voelt.

Trainingsprogramma

Aangezien de meeste vrouwen bij voorkeur met een compleet trainingsprogramma werken, hierbij mijn voorstel: Oefen 4-maal per dag telkens 2 minuten. Kies een gunstig tijdstip en maak van het programma een dagelijkse gewoonte. Het is absoluut niet belangrijk in welke houding je de knijpoefeningen doet. Daarom moet je mijn oefeningen ook alleen maar als suggesties zien.

's Ochtends

Begin met een oefening die je doet voordat je opstaat. Blijf in bed liggen, trek je knieën op en steun ter controle de bekkenbodem met een handpalm.

Concentreer je op de 'bijeentrekkende' gewaarwording in je bekkenbodem die tegelijkertijd samentrekt, omhoogtrekt en dichtsnoert. Zorg ervoor dat je rustig en gelijkmatig ademhaalt.

Stel je als doel ongeveer 5 seconden maximaal aan te spannen, daarna ontspan je en rust 10 seconden lang. Herhaal deze oefening 5 keer. 5 Keer 15 seconden komt neer op iets meer dan een minuut – echt een heel gemakkelijk uitje.

Op het werk

Ga zitten op een harde stoel en buig iets naar voren zodat het gewicht van je bovenlichaam zich precies boven de vagina-opening bevindt.

En nu doe je precies hetzelfde als tijdens de eerste oefening: 5 keer zo stevig mogelijk 5 seconden lang aanspannen met 10 seconden pauze tussen de krachtsinspanningen.

Op weg naar huis

Er bieden zich verschillende gelegenheden aan om te oefenen: op de fiets, in het openbaar vervoer of in de file. Vergeet niet: niemand ziet dat je aan het oefenen bent. Concentreer je op de werking van de spieren en stel je voor hoe je uit alle macht iets in je omhoogzuigt.

Je doet weer hetzelfde als bij de eerste twee oefeningen: 5 maximale krachtsinspanningen met tussendoor telkens 10 seconden pauze.

's Avonds

Stel: je staat in de badkamer en bent bezig je voor de nacht gereed te maken. Steek je middelvinger in je vagina (niet met lange vingernagels die kunnen het vaginaslijmvlies verwonden) en nu doe je 5 knijpoefeningen van maximale sterkte, weer telkens 5 seconden lang. Daarop volgt zoals gewoonlijk een pauze die de dubbele tijd in beslag neemt. Provoceer de vaginaspieren door er stevig tegen te drukken. Spreid eventueel wijs- en middelvinger en probeer de vingers met je bekkenbodemspieren tegenelkaar te knijpen.

Extra oefening

Naast het trainingsprogramma zou je eenmaal per maand de 'methode van de urinestraalonderbreking' moeten toepassen – zie blz. 21. Dan kun je controleren hoe goed je je spier beheerst. Doel van deze training is de *pubococcygeus-spier* en in het bijzonder de *pubo vaginalis* sterk en elastisch te maken en in een conditie te brengen om seksueel goed te functioneren. Bovendien is deze training ook een vorm van behandelen en voorkomen van eventuele lichte baarmoederverzakkingen die tot incontinentie kunnen leiden. Ook als de bekkenbodemspieren na een aantal maanden weer naar volle tevredenheid functioneren, is het raadzaam voor alle zekerheid iedere dag een aantal knijpoefeningen te blijven doen.

Als dit trainingsprogramma niet tot een bevredigend resultaat leidt, verdubbel je het aantal oefeningen en let je heel goed op ook werkelijk maximaal aan te spannen.

De complete beweging

Lokaal herstel van de bekkenbodem zoals het genezen van incontinentie of van een dreigende baarmoederverzakking, vraagt niet om het uitbreiden van de training met algemene bewegingsoefeningen. Bij deze aandoeningen gaat het louter om aanspannen en ontspannen van de bekkenbodemspieren. Als men echter betere voorwaarden voor het geslachtsverkeer (of voorwaarden voor een beter geslachtsverkeer) wil scheppen en stoornissen in het functioneren van de bewegingen wil behandelen, is het wel nodig de complete beweging erbij te betrekken.

De natuur heeft het zo zinnig geregeld dat de voortplantingsorganen zich bevinden in het bewegingscentrum van het lichaam waar wij de grootste gewrichten en sterkste spieren hebben. Deze grote gewrichten en grote spieren zijn net zo zeer op elkaar afgestemd als de kleine gewrichten en kleine spieren van een vinger. Daarom kan het bewegen van het lichaamscentrum in principe net zo gemakkelijk zijn als het buigen en strekken van een vinger.

Het centrum van het lichaam kan zich op allerlei manieren bewegen, omdat de heupgewrichten uit kogelgewrichten bestaan die bewegingen in alle richtingen toestaan. Samen met de mogelijkheden van de wervelkolom leidt dit tot een nog grotere rijkdom aan bewegingen, aangezien het bekken in zijn geheel kan worden verplaatst. Hoe extreem beweeglijk het lichaamsmidden is, is bijvoorbeeld bij het buikdansen te zien. Het sterk seksuele karakter ervan heeft zijn wortels in eeuwenoude vruchtbaarheidsriten.

* De *fysieke* voorwaarde voor de hele beweging is een intact bewegingsapparaat – de *psychische* voorwaarde is de afwezigheid van blokkades.

Mijn ervaring leert dat er voor ontspannings- en bewegingspedagogen genoeg te doen is, om de fysieke voorwaarden te scheppen. Een cursus ontspannen, stretchen, coördineren en in conditie brengen is geschikt om een goed lichamelijk instrument weer in vorm te brengen. Ik beperk me hier tot stretchen en coördinatie van het lichaamsmidden en richt me daarbij op de heupgewrichten en de lendewervelkolom.

Zoals al genoemd, is het heupgewricht een kogelgewricht waardoor de bewegingsmogelijkheid groot zou moeten zijn. Als echter de spieren bij de heupgewrichten gespannen of korter geworden zijn, vraagt dat om ontspannings- en stretchoefeningen (losschudden, uitrekken en strekken).

In feite zijn dit heel natuurlijke bewegingen: 's ochtends je uitrekken maakt deel uit van onze voorraad aangeboren spontane bewegingen. Op welk moment we dit direct reageren kwijtraken, weet ik niet. Feit is echter dat het bij de meeste mensen is gedegenereerd – misschien is het onder het regime van de wekker definitief 'omgekomen'.

Mensen die hun natuurlijke innerlijke rust en oorspronkelijke gezonde spontaniteit hebben behouden, rekken zich 's ochtends en 's avonds lekker uit. Zij volgen daarmee onbewust het advies van vele orthopeden en gymnastiektheoretici dat alle gewrichten maximaal profijt hebben bij iedere dag elk gewricht maximaal te buigen. Dan nog kan het zijn dat juist de heupen heel weinig beweging krijgen – daarom adviseer ik enkele oefeningen om deze gewrichten dagelijks te stretchen.

Stretchen van de heupgewrichten

De heupgewrichten zijn het centrum van het bewegingsapparaat. We gaan nu systematisch alle spieren bij de heupgewrichten stretchen om zo de beweeglijkheid in alle richtingen te verbeteren. Omdat dit gewricht gewoonlijk naar voren is gebogen, stretchen we het om te beginnen in de tegengestelde richting om het gewricht helemaal op te rekken.

- Zet je linkervoet op een stoel die zo ver van je af staat dat je rechterbeen schuin naar achteren wordt gestrekt als de linkerknie wordt gebogen. Het gewicht wordt gelijkmatig over beide benen verdeeld. Buig de linkerknie zover mogelijk door en let op dat de rechterknie volkomen gestrekt blijft – zie afbeelding 10. Dein in deze houding zachtjes op en neer en merk op, hoe zo de voorkant van je rechterheupgewricht goed wordt opgerekt – hierop rust immers het hele gewicht van het bovenlichaam.

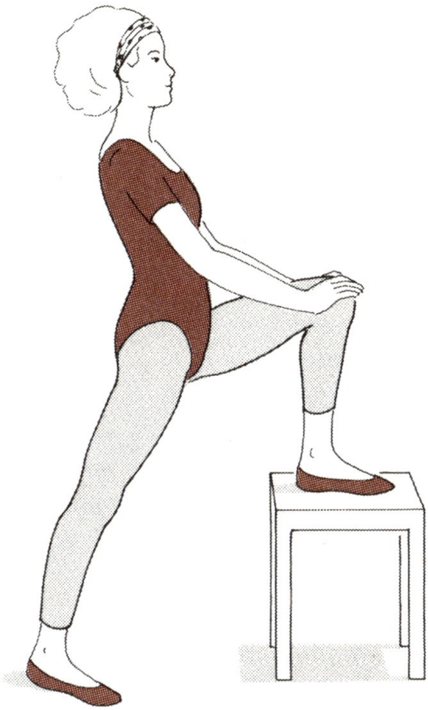

Afbeelding 10

> Met stretchen kun je nog meer resultaat behalen als je een beetje achterover leunt.

● Nu richten we ons op de spieren aan de binnenkant van de dijen. Ga op de grond zitten, buig je knieën en trek de voeten zo dicht mogelijk tegen je aan – afbeelding 11. Zet de voetzolen tegen elkaar en laat je knieën opzij vallen. Strek de armen en pak je enkels beet, zodat je gemakkelijk zit. Als je knieën zover mogelijk naar buiten zijn gedraaid, probeer je ze voorzichtig nog verder naar de grond te duwen. Daarbij voel je hoe je heupgewrichten een draaiing naar buiten maken. Als je erg stijve spieren hebt, zet dan je ellebogen tegen de binnenkant van de knieën en oefen vervolgens lichte druk uit. Je voelt zelf wel, hoever je kunt gaan zonder dat je je heupgewrichten erbij gaat betrekken.

Afbeelding 11

● Op de draaiing naar buiten volgt het stretchen naar binnen. Blijf zitten maar leun iets naar achteren en steun op je handen. De gebogen knieën moeten iets uit elkaar staan – zie afbeelding 12a. Beweeg de rechterknie langzaam naar binnen en richting bodem en voel daarbij het oprekken rond het heupgewricht. Laat je linkerknie waar ze is – ze wijst loodrecht omhoog (afbeelding 12b). Blijf net zo lang in deze houding zitten totdat je aan de aanspanning bent gewend en doe de oefening dan met de rechterknie.

Afbeelding 12a

Afbeelding 12b

Ik wil je nog een oefening voorleggen: hiermee strek je de spieren aan de voorzijde van het heupgewricht en tegelijkertijd versterkt de oefening de zitvlakspieren die voor de strekbeweging van het heupgewricht zorgen.

- Ga op je buik liggen – je armen liggen naast je op de grond. Bij deze oefening is het noodzakelijk dat de beide 'hoekpunten' aan de voorzijde van het bekken de hele tijd in contact met de grond blijven. Til de rechtervoet op door je knie te buigen en controleer tegelijkertijd of de rechter'hoek' van het bekken in contact met de vloer blijft. Til ook heel langzaam en voorzichtig je bovenbeen op – zie afbeelding 13.

- Nu het linkerbeen – als je ook hiermee je doel bereikt – namelijk zowel kracht in het zitvlak brengen als de heupen strekken, til dan beide benen tegelijkertijd op – zie afbeelding 14.

Hetzelfde doel – de heupgewrichtsstrekkers (de zitvlakspieren) verstevigen en de heupgewrichtsbuigers oprekken dan wel langer maken – heeft ook de volgende oefening.

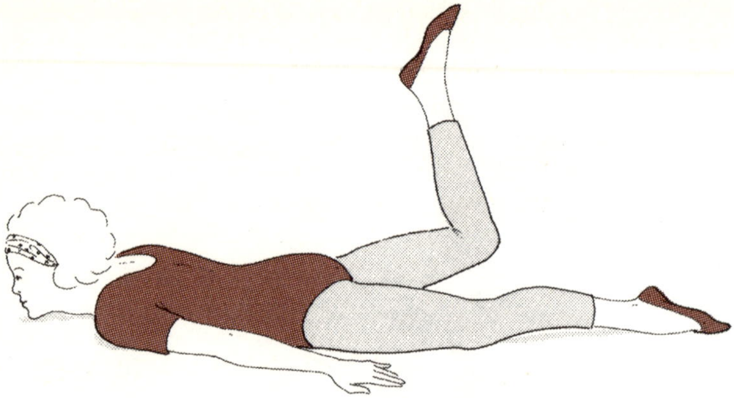

Afbeelding 13

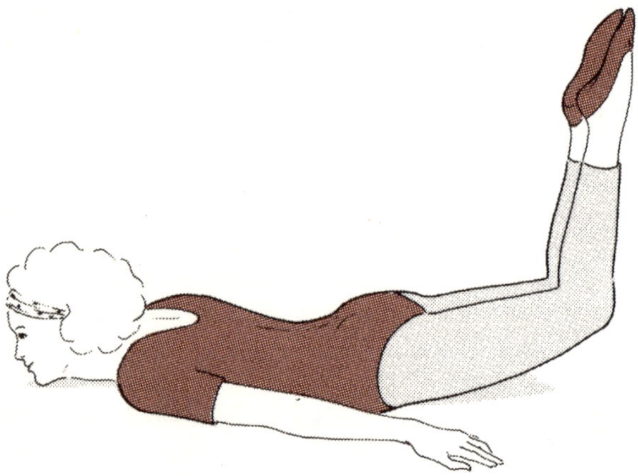

Afbeelding 14

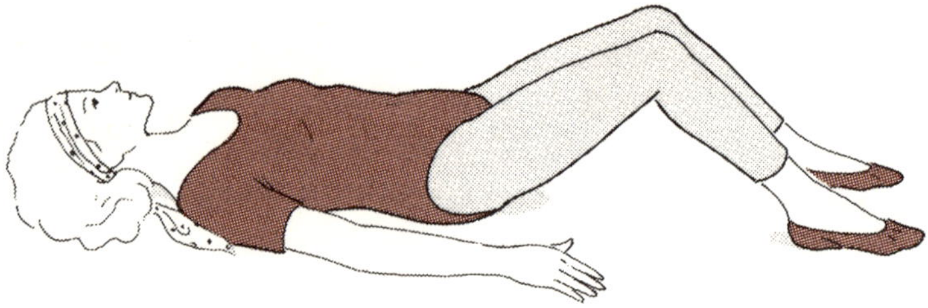

Afbeelding 15

● Ga op je rug liggen, trek je knieën op en zet je voeten iets uit elkaar stevig op de grond – zie afbeelding 15. Nu moet je je ofwel voorstellen: 'Omhoog met de hele middenpartij!' of 'Stevig de voeten op de grond en heupen strekken!' Misschien is het gemakkelijker voor je om in het begin de voeten ietsje op te tillen en dan met de beweging te beginnen en later de voeten stevig tegen de grond te drukken terwijl je heuppartij omhooggaat – zie afbeelding 16.

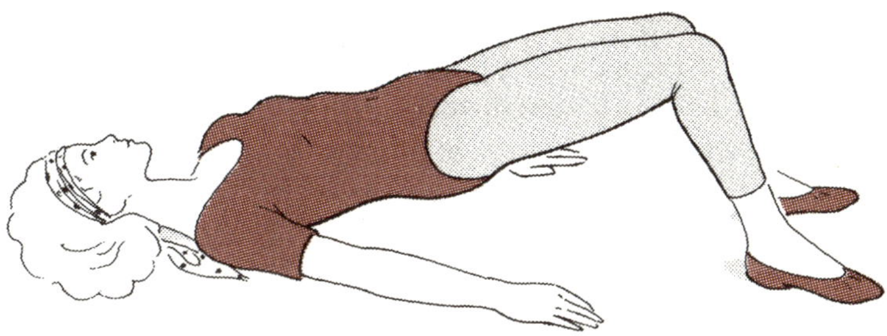

Afbeelding 16

● Blijf even in deze houding en probeer met name de heupgewrichten nog meer omhoog te bewegen. Je hoeft alleen maar te denken: 'Nog verder weg van de vloer met het zitvlak' en op te letten hoe de zitvlakspieren beginnen te werken. Met wat oefening zul je hiermee weinig moeite hebben – zie afbeelding 17.

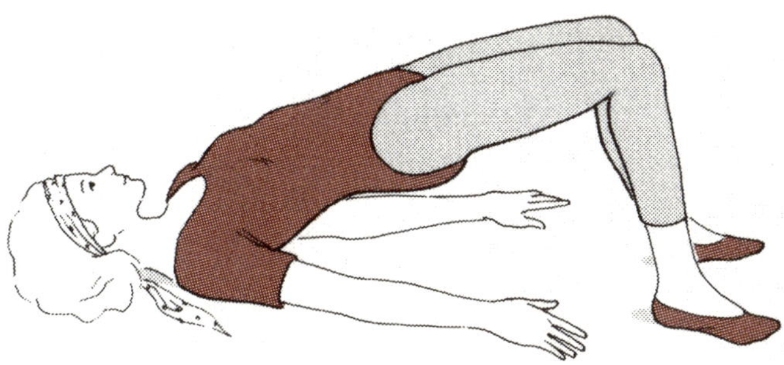

Afbeelding 17

Beweeglijkheid van de lendewervelkolom

Tot nu toe hielden we ons bezig met de heupgewrichten, maar nu richten we ons op het onderste deel van de wervelkolom. Soms klagen patiëntes bij de gynaecoloog over slecht lokaliseerbare pijnen bij de geslachtsdaad. In sommige gevallen komt de gynaecoloog dan tot de conclusie dat de pijn van de wervelkolom afkomstig is en wordt de patiënte naar een orthopeed doorverwezen.

De bekkengordel is de vaste verbinding tussen benen en bovenlichaam en bevindt zich in zekere zin tussen twee kogels en een slang. De gewrichtskop van het heupbot heeft zijn gewrichtskom aan de kant van het bekken en de wervelkolom verheft zich balancerend vanuit de achterkant van de bekkengordel – zie afbeelding 18.

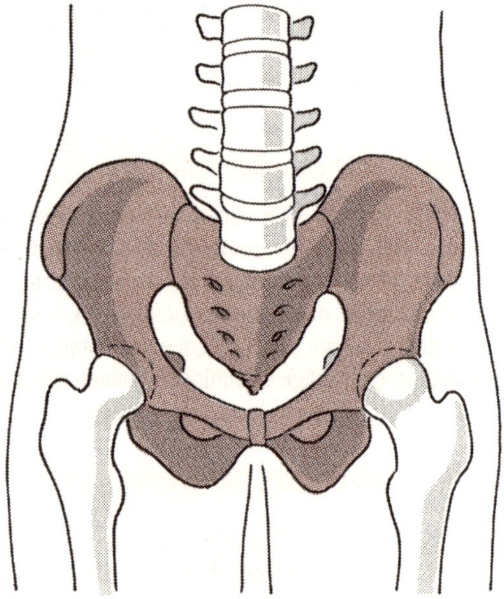

Afbeelding 18

Bij de bewegingen van het bekken zijn daarom zowel het heupgewricht als de lendenwervelkolom betrokken. Beide delen moeten natuurlijk goed functioneren als het bekken vrij wil kunnen bewegen. Het bij het vrijen horende genot krijgt weinig kans als het door pijn wordt verstoord, of dat nou pijn afkomstig van de lendenen of pijn vanuit de heupgewrichten is. Pijn kan de geslachtsdaad zelfs onmogelijk maken.

- Nu controleren we hoe beweeglijk onze lendenen zijn. We beginnen met de klassieke 'kat-en-hond-oefening'. Je zit geknield op handen en voeten (misschien wil je een kussen onder je knieën). Deze houding is voor je rug het voordeligst. Je begint met het laten doorzakken van je rug ('hond', zie afbeelding 19a) en zet vervolgens een hoge rug op als een kat (zie afbeelding 19b). Houd je hoofd tussen je armen, kijk naar beneden en welf je rug omhoog richting plafond. In deze houding verplaats je nu je gewicht beetje voor beetje naar achteren, zodat het achterwerk geleidelijk richting hielen gaat. De wervelkolom wordt daarbij hoofdzakelijk in het lendengebied gebogen – zie afbeelding 19c.

- Nu nemen we ook de zijwaartse beweging erbij. Je herhaalt 'katen-hond' en in elk van de verschillende houdingen probeer je je zitvlak zo ver mogelijk naar rechts respectievelijk naar links te zwaaien. Probeer je voor te stellen dat je 'met je staart kwispelt'.

Je moet kunnen ontspannen

We hebben geen problemen met onze bewegingen zolang deze bewegingen niet worden bemoeilijkt door hinderlijke tegengestelde spanningen. Als men echter intensief aan een schijnbaar moeilijke beweging denkt en veel moeite doet, kunnen gemakkelijk zogenaamde affectspanningen ontstaan. Daarom is het essentieel te kunnen ontspannen, wil men bij een beweging overtollige spanningen kunnen neutraliseren.

Coördinatie van de bewegingen

Een uitstekende gelegenheid om zich soepele beweeglijkheid eigen te maken, zijn de volgende oefeningen waarmee we bijna overgaan op buikdansen.

- Je knielt weer op handen en voeten en nu stel je je direct achter je een wijzerplaat voor ter grootte van een etensbord. Terwijl je je rug afwisselend doorbuigt en kromt, 'teken' je een lijn van 12 uur naar 6 uur.

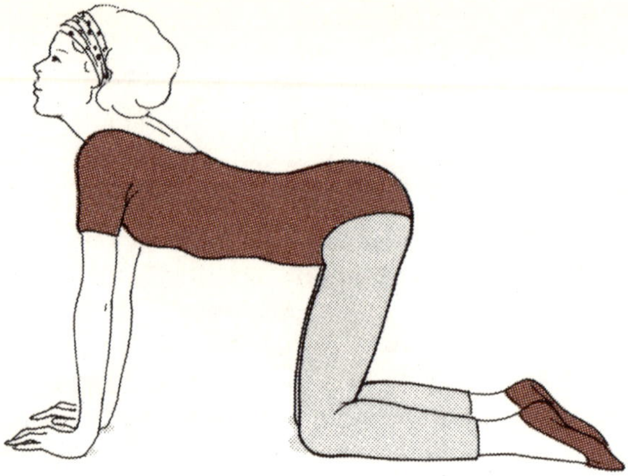

Afbeelding 19a

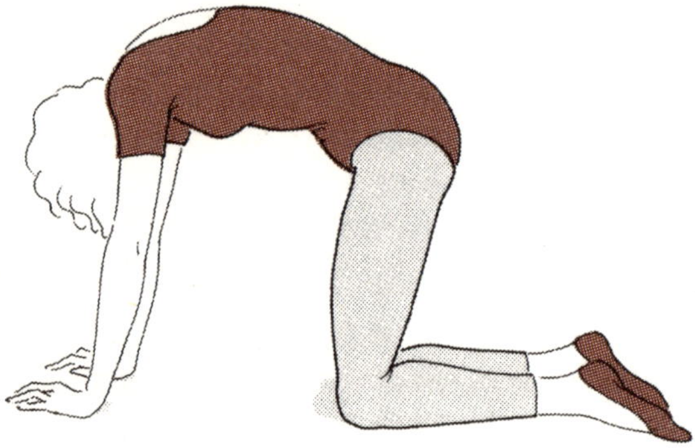

Afbeelding 19b

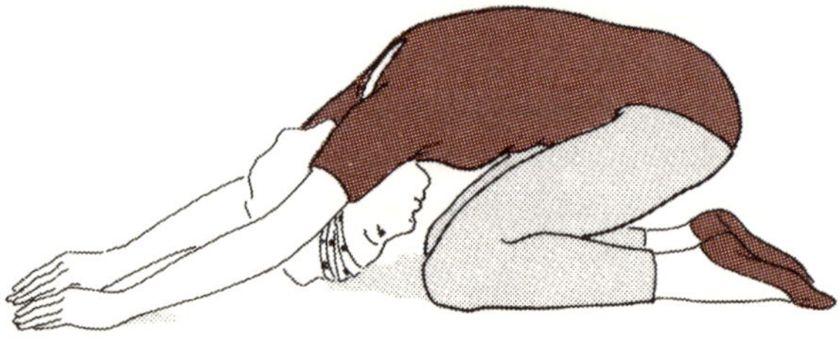

Afbeelding 19c

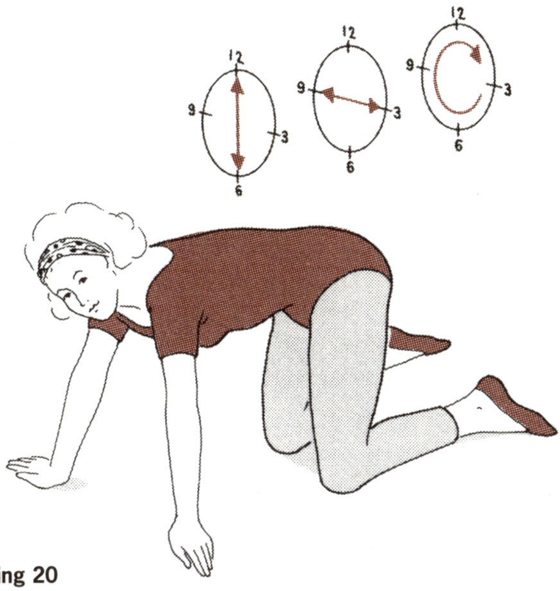

Afbeelding 20

- Als je je zitvlak van de ene naar de andere kant zwaait, trek je een lijn van 9 uur naar 3 uur – zie afbeelding 20.

- Je volgende opgave is de wijzer te volgen en zo een cirkel te beschrijven – eerst met de klok mee en vervolgens in de tegenovergestelde richting.

- Omdat de bewegingen met het beeld van de klok zo gemakkelijk kunnen worden gestuurd, gebruiken we het nog een keer. Ga nu op je rug liggen, trek je knieën op en zet je voetzolen stevig op de grond. Houd voeten en knieën een klein beetje uit elkaar. Til nu de heupen van de grond – zie afbeelding 21 – het bekken moet daarbij bewegen. Heupgewrichten en lendenwervelkolom doen vanzelf mee als je je maar op een vast punt concentreert. We kiezen daarvoor het midden van de bekkengordel, het schaambeen.

- Als je je de wijzerplaat weer voorstelt, kun je met het schaambeen en paar keer een lijn naar boven en naar beneden 'tekenen' – van 6 uur naar 12 uur. Daarna van 9 uur (waarbij het linkerbeen het grootste gewicht draagt) naar 3 uur (nu draagt het rechterbeen het grootste gewicht).

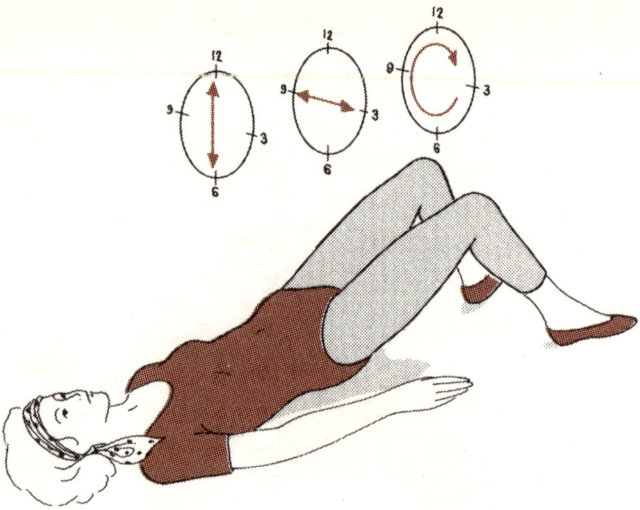

Afbeelding 21

● Daarna volgt de rondreis – eerst weer met de wijzers van de klok mee en dan in tegenovergestelde richting. De bekkengordel tekent een mooie cirkel – een uitstekende oefening voor de gewrichten. Bovendien bevordert ze ook nog eens de bloedsomloop en de spijsvertering.

Nu we toch bij het beeld van de wijzerplaat zijn, geef ik nog een andere goede oefening:

● Je ligt op je rug, met opgetrokken knieën die je iets uit elkaar houdt en met de voeten plat op de grond. Nu stel je je voor dat je heupen zich direct op de wijzerplaat bevinden – zie afbeelding 22 – met de onderrug op 12 uur en het stuitbeen op 6 uur. De bekkengordel is aan de rugzijde ietsje gekanteld zodat je gemakkelijk kunt wiegen. En nu lig en wieg je je van het hele naar het halve uur en voel je hoe je onderrug daarbij afwisselend heel zachtjes buigt en doorbuigt. Het zijn de benen die voor deze de beweging zorgen en daarom moet het bovenlichaam helemaal ontspannen en los zijn zodat er geen weerstand tegen het schommelen mogelijk is. Ook de nek schommelt mee, met als gevolg dat de kin wipt.

● Zet nu de beide voeten ietsje verder uitelkaar en schommel soepel van de ene naar de andere kant – van 9 naar 3 uur. Daarbij

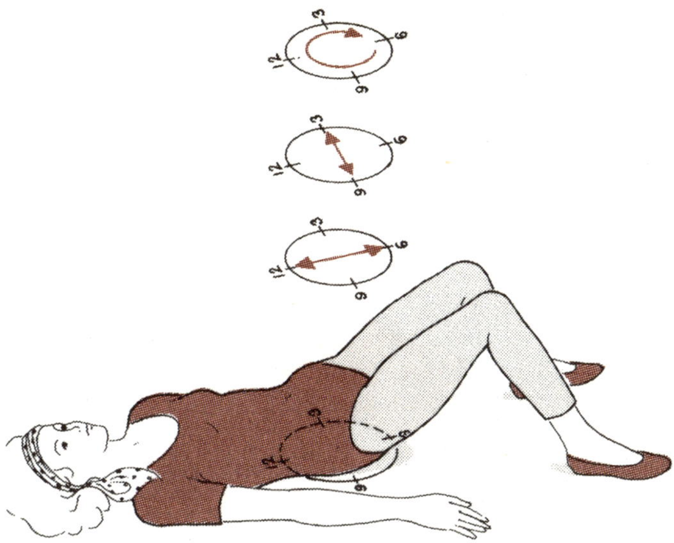

Afbeelding 22

draait de wervelkolom als je bovenlichaam helemaal ontspannen is. Houd het beeld van de wijzerplaat vast en beweeg je rond over alle cijfers. Het bekken heeft immers een gewelfde vorm en is zo uitermate goed in staat tot deze cirkelende beweging.

Tip

Je hoeft een beweging alleen maar te willen en je zenuwstelsel richt zich er al naar en zorgt zonder bewegingen te belemmeren voor de aansturing ervan. De precieze uitleg vind je op blz. 61, 62 en nog niet hier, omdat ik wil dat je eerst een paar bewegingservaringen opdoet om daarna de theorie beter te kunnen begrijpen.

Moet de complete beweging leiden tot een bepaald 'standje'?

De behandelde oefeningen zijn *niet* bedoeld als een techniek om het bedrijven van de liefde te leren. De eigenlijke seksuele bewegingen verlopen automatisch – dus zonder dat de vrouw bewust meewerkt. Ze liggen opgeslagen in onze hersenen en worden instinctief 'opgeroepen'.

Deze oefeningen zijn uitsluitend bedoeld als een lichamelijke training voor het centrum van het lichaam en zijn gericht op meer beweeglijkheid en afstemming op elkaar. Ik ga ervan uit dat je hiermee bij het geslachtsverkeer lichamelijk beter kunt functioneren. Want op een weg die men bewust heeft gebaand, beweegt men zich ook onbewust gemakkelijker.

Dit proces komt overeen met de onbewuste 'voorbereidingen' die de zuigeling treft voor zijn latere loopbewegingen met al zijn getrappel dat de heupgewrichten in alle richtingen beweegt. Het verschil zit hem alleen in dat deze onbewuste bewegingen bij het kind met onbeschadigd bewegingsapparaat als schakel in het ontwikkelingsproces zijn geprogrammeerd: bij de volwassene daarentegen – als het bewegingsapparaat door functioneringsfouten defect is – betekent aanleren van bewegingen een *willens en wetens* van-voren-af-aan-beginnen om de oorspronkelijke mogelijkheden te herstellen.

Belangrijk: Ik wil hier nog een keer benadrukken dat dit boek is bedoeld voor normale, gezonde mensen die het misschien nog beter kunnen krijgen. Bij bestaande psychische stoornissen zoals seksuele neurosen en ernstige blokkades moet je beslist een specialist raadplegen.

Ontspanning vinden

Precies zoals er vrouwen zijn met te slappe of te zwakke bekkenbodemspieren, zijn er vrouwen met het tegenovergestelde probleem: hun musculatuur is te zeer (aan)gespannen, dat wil zeggen er is een constante spanningstoestand. Dat kan verschillende oorzaken hebben, van lichamelijke en van psychische aard. Er is dus niet alleen behoefte aan informatie over de bouw van de spieren maar ook aan aanwijzingen om spanning te verminderen.

Waar gaat het om?

Je wilt een gevoel voor je lichaam en een natuurlijke balans tussen aanspannen en ontspannen ontwikkelen. Wenselijk is een gezonde musculatuur die enerzijds de gewenste kracht kan opbrengen en anderzijds ook volledig kan ontspannen; met andere woorden, spieren waarover we bewust controle kunnen uitoefenen.

Wanneer zijn er spanningen in de spieren van de bekkenbodem?

Psychische oorzaken: Vaginisme is een voorbeeld van een spanningstoestand die psychische oorzaken kan hebben. Het gaat hierbij om een soort kramp van de spieren rond de vagina. De oorzaak is meestal angst. Vaginisme staat een normaal seksleven in de weg. De behandeling ervan bestaat uit een combinatie van psychische en lichamelijke maatregelen: eventueel therapeutisch ondersteund wegwerken van angsten, ontspanningsoefeningen en een spiertraining.

Fysieke oorzaken: Er zijn echter ook fysieke oorzaken voor de spanning van de vaginaspieren. Zo kan bijvoorbeeld een infectie tot irritatie leiden waarop met aanspannen wordt gereageerd. Het is ook mogelijk dat de sterke pijnen bij een buikholte-ontsteking onbewust door het aanspannen van de bekkenbodem op een afstand worden gehouden. Het ligt voor de hand dat dan niet alleen de infectie wordt behandeld, maar er ook meteen ontspanningsmethoden moeten worden geleerd.

Houdingsoorzaken: Een verkeerde houding bij het zitten kan eveneens medeschuldig zijn aan constante spanning in de spieren van de bekkenbodem. Als je met stevig bijeengehouden benen zit, belemmert dat de doorbloeding. Of als je met over elkaar geslagen benen zit en zo niet alleen de bloedsomloop hindert maar ook een scheefstand van het bekken veroorzaakt, is dat ook iets wat een spanningstoestand als gevolg kan hebben. Als je bovendien zenuwachtig van aard bent – dus in het algemeen gespannen –, worden de lichamelijke oorzaken door de spanningen van psychische aard nog eens versterkt.

Lichaamsgevoel ontdekken – ontspanning leren

Wij kunnen heel bewust aan- en ontspannen en wat wij bewust kunnen doen, kunnen wij ook verfijnen. Wij hebben het vermogen om spierimpulsen van de gewenste kracht te zenden naar de plaats waar er behoefte aan is; dit vermogen kunnen we trainen. Wij hebben ook het vermogen om impulsen uit te zenden die juist spanning wegwerken – zogenaamde remmende impulsen. Ook dat is iets wat we kunnen trainen.

Een van de doelen bij ontspanningslessen is zich bewust te worden van het lichaamsgevoel. Dit kan als gevolg hebben dat je jezelf op een nieuwe manier leert kennen: met je eigen remmingen en je eigen capaciteiten.

Het gaat erom een gevoel te ontwikkelen voor de spanningsgraad van de spieren en daarbij ervaringen van gevoelsmatige aard op te doen. Bij afwisselend aanspannen en ontspannen van een spier ervaart men de tegengestelde uitwerkingen ervan. Op den duur gaat men ook gradaties in spanning duidelijk onderscheiden – of men krachtig, weinig of zelfs niet aanspant.

Bij de spieren van de arm is het aanzienlijk makkelijker besef van de spanningsgraad te krijgen dan bij de spieren van de bekkenbodem. Onze ervaringsbasis ermee is totaal anders: we kunnen onze arm *zien*. Probeer het eens zelf met de volgende inleidende oefening.

Inleidende oefening – ontspanning van de armen

Bal je rechterhand tot een vuist, buig de elleboog en span de hele rechterarm 5 seconden lang aan; span hem nog wat strakker aan, nog een ietsje meer en laat je arm dan helemaal slap langs je lichaam vallen. Laat even tot je doordringen hoe dit voelt en herhaal de oefening dan met de linkerarm.

Dat was echt gemakkelijk. Nu gaat het er echter om hetzelfde met je bekkenbodem te doen, want met deze spieren moeten we eerst leren ervaringen op te doen.

- Ga op je rug liggen. Bekijk afbeelding 23. Druk je voeten, armen en hals stevig tegen de ondergrond en til je hele middenpartij omhoog. Zo komt het hart lager te liggen dan de buikholte wat de bloedsomloop stimuleert. Je ontlast bovendien de bekkenbodem omdat de inwendige organen terugglijden – kortom een gunstige houding voor hartpomp-oefeningen.

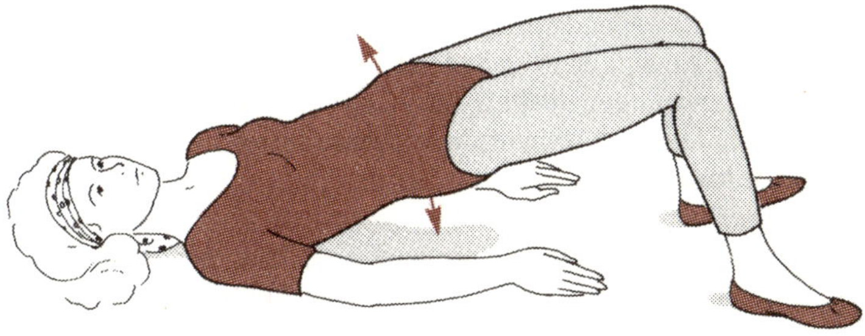

Afbeelding 23

- Nu beweeg je je lichaam van de ene naar de andere kant en vervolgens stoot je je hele middenpartij telkens omhoog. Doe dit zo lang mogelijk.

- Daarna ga je weer op je rug liggen; je schuift de gebalde vuist onder je – zie afbeelding 24 –, maakt fietsbewegingen met de benen, schudt je benen, maakt draaiende bewegingen met je enkels en allerlei andere bewegingen die je invallen. Al die tijd blijven je benen boven, dat wil zeggen hoger dan je hart.

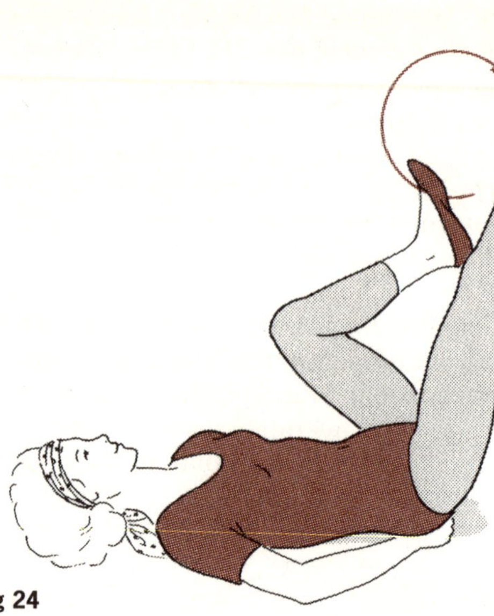

Afbeelding 24

Nu ben je voldoende voorbereid om je met de bekkenbodemspieren te gaan bezighouden, want als de inwendige druk tegen de bekkenbodem minder wordt, is het, zo leert de ervaring, gemakkelijker om impulsen naar dit gebied te zenden.

● Je moet zo gemakkelijk mogelijk liggen. Misschien heb je een dunne nekrol nodig – zorg in ieder geval voor een dik kussen onder je knieën om geen druk op je onderrug te krijgen. Laat je knieën los en ontspannen opzij naar buiten hangen – zie afbeelding 25.

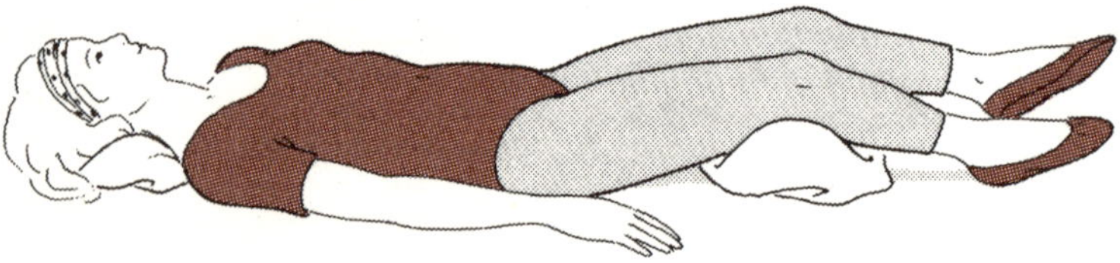

Afbeelding 25

● Probeer je helemaal over te geven aan de zwaarte – en adem diep uit. Niets mag je benauwen, niet van buiten en ook niet van binnen. Let op of je je bekkenbodem kunt voelen, of je die helemaal kunt loslaten. Je moet je open en leeg voelen alsof je jezelf helemaal los zou laten. Voor gespannen mensen is het veel moeilijker om los te laten dan om vast te houden. Het zijn onbekende of beter gezegd vergeten gevoelens die bewust moeten worden gemaakt. Om het verschil met ontspanning bewust te worden, span je eerst je spieren bewust aan en vervolgens ontspan je ze – net als in de inleidende oefening op blz. 51 – eerst de rechter- en dan de linkerarm zodat je op den duur met het verschil tussen aanspannen en ontspannen helemaal vertrouwd raakt.

- Als het in liggende houding moeilijk voor je is om alle spanning los te laten, ga je op je buik liggen om na te gaan of deze houding misschien gemakkelijker voor je is. Ook daarbij nestel je je goed in met behulp van kussens en nekrollen zodat je goed ligt – zie afbeelding 26. Met 'goed' bedoel ik een houding waarin je jezelf helemaal los kunt laten.

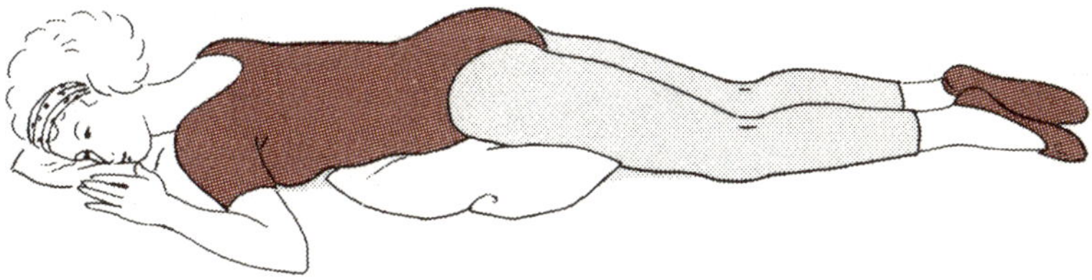

Afbeelding 26

- Begin met aanspannen en adem daarna bij het ontspannen diep uit. Het helpt als je het ademgeruis hoort, want zo beleef je de ontspanning duidelijker. Ook heeft het een positieve uitwerking als je zonder enige remming zachtjes kreunt. Zuchten maakt schouders en borstpartij los terwijl kreunen het middenrif losmaakt en tegelijk ook de spieren van de onderrug en de buik.

Tip

Je hebt beslist veel baat bij het zelf doen van aan- en ontspanningsoefeningen, maar soms is het beter een cursus te volgen. Dat is altijd raadzaam als je het gevoel hebt het niet goed te doen of als een gevoel van ontspanning uitblijft. En: Cursussen zijn met name geschikt voor mensen met haast, daar leert men het immers sneller. Inleidende cursussen in de diverse ontspanningstechnieken worden op allerlei plaatsen gegeven.

Invloeden op het orgasmevermogen

Als het bewegingsapparaat normaal functioneert en de bekkenbodem is hersteld, zou eigenlijk de lichamelijke basis voor een goed seksueel leven gereed moeten zijn.

Voorzover het doel bestaat uit het kunnen krijgen van een orgasme bij geslachtsverkeer, ligt de situatie heel wat ingewikkelder dan wanneer de bekkenbodemtraining uitsluitend bedoeld is om incontinentie te voorkomen. Bij geslachtsverkeer gaat het zoals bekend niet alleen om kennis en techniek, in veel grotere mate gaat het om gevoelsleven en prikkels. Als zoiets als incontinentie al stilgehouden wordt, dan gaat dat beslist niet minder op voor seksuele problemen – de nadruk ligt daarbij op het woord problemen.

De laatste tientallen jaren is er een enorme hoeveelheid voorlichtingsliteratuur op de markt gekomen. Het grote voordeel daarvan is dat zaken die taboe waren geleidelijk gedemystificeerd worden. Eerlijke informatie over wat vrouwen ervaren, zal men in de verslagen over seksualiteit moeten zoeken; zo is er bijvoorbeeld het legendarische *Hite Report* over de seksbeleving van vrouwen, waarvoor 3000 vrouwen in de leeftijd van 14 tot 78 een zeer omvangrijke vragenlijst invulden en anoniem eerlijke antwoorden gaven. Dit verslag is inmiddels een standaardwerk en men kan zeer gedeprimeerd raken van zo veel getuigenissen van desillusie, onwetendheid en afwezigheid van seksueel plezier. Tegelijkertijd werken dergelijke verslagen als een aanklacht en een stille schreeuw om hulp. Die aanklacht is gericht tegen:
- iedereen die te laf of te bevooroordeeld was om een kind open en eerlijk antwoorden te geven
- iedereen die als deskundige pleit voor eenzijdige theorieën – een halve waarheid is het zelfde als een halve onwaarheid
- iedereen die zweeg of loog om het eigen falen te verbergen
- iedereen die munt sloeg uit het schrijven van valse liefdesverhalen
- iedereen die niet zelf heeft geprobeerd er meer over te weten te komen.

Opvoeding en maatschappelijke ideeën

De bekkenbodem met haar verschillende openingen is een gebied waar zich interessante gebeurtenissen voordoen. Deze opvatting vindt men terug bij ieder klein kind; het wil alles, net als een kleine aapje, zonder meer van dichtbij onderzoeken – en dat is iets wat ieder kind natuurlijk zou moeten mogen.

● Juist in deze situatie kan de ouder die toevallig van een dergelijk experiment getuige is, de grootste fout van zijn leven begaan, door het vanuit vooroordelen tot gewoonte geworden verbod van vorige generaties weer uit te spreken. De kiem van vele neuroses wordt gelegd op het moment dat van de geslachtsorganen een taboe wordt gemaakt. Men krijgt dan verkeerde voorstellingen en psychische afwijkingen kunnen er het gevolg van zijn. Gelukkig zijn er echter ook vaders en moeders die juist tegengesteld reageren en meteen van deze gunstige gelegenheid gebruik maken om de basis te leggen voor een gezonde seksuele ontwikkeling door aan het onderzoek mee te doen en het kind uit te leggen waarvoor de verschillende gaatjes zijn. Dat kan later menig misverstand voorkomen.

Mijn eigen seksuele opvoeding

Als ik nu op rijpe leeftijd terugkijk naar de seksuele opvoeding die ik als kind heb gekregen – of beter gezegd op het ontbreken ervan –, dan ben ik eigenlijk verbaasd dat mijn leven zo'n gelukkige vorm heeft kunnen vinden. Ik kan me niet herinneren als kind ooit een volwassene zonder kleren te hebben gezien. Kinderen werden zorgvuldig weggehouden als er een dekhengst of stier op de boerderij kwam om de merrie te dekken. Jongens en meisjes hadden elk hun eigen tijd om in zee te baden en het omkleden gebeurde in een gesloten badhuisje. Mijn moeder deed nooit pogingen met mij over het seksuele leven te praten en ik heb er haar ook nooit om gevraagd, omdat ik zelfs niet het vermoeden van het bestaan van iets dergelijks had. Waar kinderen vandaan kwamen, wist ik niet en het interesseerde me ook niet. Het was nu eenmaal een natuurgegeven dat er kinderen kwamen waar een huis en ouders waren – meer wist ik er niet van.

Als ik je op deze plaats met verhalen over mijn weinig spraakzame ouderlijk thuis confronteer, moet ik ook vermelden dat er tussen mijn ouders nooit een liefdeloos woord is gevallen. Mijn voorstelling van de wereld was zo dat ik geloofde dat alle volwassenen vrome en rechtvaardige mensen waren en zelfs niet in hun neus peuterden. Je begrijpt dat ik een aantal verrassingen ben tegengekomen. Toen ik een eigen gezin stichtte en kinderen kreeg, besloot ik dat hun opvoeding op seksueel gebied heel anders zou zijn dan de mijne, zodat ze een realistische verhouding tot hun omgeving zouden krijgen.

Ik vond dat dit het best kon worden bereikt met openheid en eerlijkheid. Welke vraag ze ook maar zouden stellen, ik zou me er nooit van af maken met: 'Dat begrijp jij nog niet', maar heel eenvoudig met het volgens mij juiste en precieze antwoord, en het vervolgens aan de kinderen overlaten in hoeverre ze het begrepen. Hoe minder leefregels men geeft, des te eenvoudiger het is. Alles zou voor ouders gemakkelijker zijn en voor kinderen beter, als ouders altijd eerlijk zouden zijn en altijd de waarheid zouden zeggen.

Opvoeding in andere culturen

Andere culturen waren eeuwen geleden ruimdenkender en zorgvuldiger dan de onze wat de voorbereiding van een maagd op het huwelijk betreft. Zo mochten bijvoorbeeld bij een bepaalde Afrikaanse volksstam jonge meisjes niet in het huwelijk treden zolang ze met de bekkenbodemspieren geen krachtige druk konden uitoefenen. Dat was iets dat deel uitmaakte van de opvoeding.

Uit de Indiase *Ananga Ranga* (liefdesspel), geschreven in de 16de eeuw, citeert Alex Comfort: 'Zij moet zich net zolang inspannen haar yoni (vagina) te sluiten en samen te trekken totdat ze, zoals met vingers die willens en wetens kunnen knijpen en loslaten, de lingam (penis) omvat, totdat zij uiteindelijk net zo bedreven is als de hand van het go-pala-meisje als ze de koe melkt'. Dan kan alleen met volhardende oefening worden geleerd en vooral door wilskracht op de juiste plaats in te zetten... 'Haar man zal haar meer dan alle andere vrouwen weten te waarderen en haar niet willen inruilen tegen de mooiste vrouw van alle drie de werelden. Zo aantrekkelijk en lustvol voor de man is zij die klemmen kan.'

In het beroemde Arabische leerboek van de liefdeskunst *De geurende tuin* wordt verscheidene keren de 'Jabeda' van de vrouw genoemd, wat zo veel wil zeggen als 'zuigende beweging': 'De uiterste wellust is afhankelijk van die ene omstandigheid: beslissend is dat de schede kan zuigen'. – 'Vooral haar Jabeda wekte mijn bewondering'. Tot zover over de beminde. Over de minnaar staat in het ABC van de liefde: 'Men zegt dat de bekwaamste en ervarenste minnaars zich veel meer op de clitoris dan op de vagina van de vrouw concentreren.'

Dit is ook terecht omdat het zaak van de vrouw is zich op de vagina te concentreren. De clitoris is passief. Door de stimulatie ervan is de man in staat 'haar een orgasme te *geven*' terwijl daarentegen de vagina kan worden geactiveerd, omdat de haar omringende spieren actief kunnen worden gemaakt. Dat wil zeggen: de vrouw heeft de mogelijkheid de geslachtsdaad voor beide partners beter te maken. Dat is de reden waarom de minnaar uit *De geurende tuin* deze raad kreeg.

> 'Probeer gloeiend haar Jabeda aan te vuren, dan zal je inspanning groots worden beloond.'

Als mannen de gevoelens van vrouwen willen vastleggen

Verscheidene jaren was er een heftige discussie over clitoraal orgasme versus vaginaal orgasme.

Mannen schreven dat bij vrouwen het orgasme altijd door de clitoris zou worden voortgebracht en dat het vaginale orgasme niet zou bestaan. Op dezelfde wijze stonden vrouwen erop dat er verschil werd gemaakt tussen een aan de clitoris en een door prikkelwerking in de vagina veroorzaakt orgasme.

Men kan er dankbaar voor zijn dat er in een tijd waar voorlichting dringend gewenst was, zo veel over de clitoris is geschreven, iets dat voor veel mensen zeker een grote hulp was. We moeten ons echter ook verder ontwikkelen. Jammer van de eenzijdige interesse voor de clitoris – ten koste van de vagina – is namelijk dat de vrouw daardoor in een passieve rol wordt gehouden. De gebrekkige voorlichting maakt ook dat aan de actieve rol van de vrouw bij de geslachtsdaad wordt voorbijgegaan – terwijl die toch een wezenlijke factor is.

De frigide vrouw? Georgia en Benjamin Graber schreven in *Woman's Orgasm*: 'Het is een van de geheimen binnen de geschiedenis van de sekstherapie dat de seksuele aspecten van het werk van Kegel zelfs door gerenommeerde onderzoekers als Kinsey en Masters en Johnson over het geheel genomen zijn genegeerd, ondanks het feit dat de Kegel-oefeningen over de hele wereld bekend zijn en voor de behandeling van onvrijwillige urinelozing worden gebruikt. Zoals al genoemd is de pubococcygeus-spier een van de steunende spieren in het gebied van de vagina en heeft hij een functie bij het in conditie houden van de bekkenorganen. Helaas is de conditie van de pc-spier bij veel vrouwen slecht en dat verklaart waarom zij niets of weinig voelen bij de geslachtsdaad en geen orgasme bereiken.'

Ieder orgasme kan beter: Heel belangrijk lijkt mij het volgende: Bij onderzoeken van de pubococcygeus-spier die door Graber en Graber werden uitgevoerd, werd aangetoond dat de vrouwen met slechte spieren nooit of zelden een orgasme hadden meegemaakt. De vrouwen die alleen het clitorale orgasme kenden hadden betere spieren terwijl daarentegen de vrouwen die zowel het clitorale als het vaginale orgasme kenden, de beste spieren bleken te hebben.

Deze feiten zijn zeker het overdenken waard.

Op deze plaats wil ik graag nog een keer zeggen dat de ontbrekende aandacht voor een verbetering van het vrouwelijke vermogen tot een orgasme misschien is toe te schrijven aan het feit dat men de geslachtsorganen van de man kan zien terwijl de vrouw meestal niet al haar mogelijkheden kent. Mogelijk heeft het ook te maken met het feit dat tot nu toe vooral mannen aan het debat over de gevoelens van de vrouw deelnamen; en het geloof in specialistische vakkennis is groot, soms te groot. Als een man die een zekere autoriteit geniet, blijft beweren – en bovendien ook nog eens schriftelijk – dat er alleen maar een clitoraal orgasme bestaat, dan moet men dat als geestelijk machtsmisbruik zien en het is goed als deze stelling wordt weerlegd.

Orgasmes krijgen ondanks besnijdenis: De arts Fatuma Ali – geboren in Somalië, tegenwoordig wonend in Denemarken – schreef in 1981 in het dagblad *Information* een artikel onder de titel *Orgasme ondanks besnijdenis* (het wegnemen van de clitoris) waarin ze over haar leven vertelt – over haar mislukte huwelijk waartoe ze uit trots besloot en waarin ze voor frigide werd gehouden, maar ook over haar latere verhouding met een man met wie ze een intiem geestelijk contact had en bij wie ze zich geborgen voelde. Hun verhouding was al harmonisch voor ze de eerste keer gemeenschap hadden en daarbij maakte zij voor het eerst van haar leven een orgasme mee. Dat zegt veel over de betekenis van psychische mechanismen.

Je eigen weg gaan: Iedere vrouw moet zelf bepalen hoe ze het best tot seksuele ontplooiing komt. Ze moet niet klakkeloos geloven wat mannen over de gevoelens van de vrouw doceren. Ze moet haar eigen gevoelens ervaren en niet van theorieën uitgaan behalve wanneer die overeenstemmen met haar eigen ervaringen. Men kan haar alleen aanraden bewust aan zichzelf te werken, zich te informeren en ervaringen op te doen.

Als een vrouw de vaginaspieren traint, kan ze ervaren hoe de vaginale gewaarwording de tot dan toe gewone orgasmen verrijkt en bovendien niet alleen het hare. Als de bekkenbodemspieren worden 'wakkergeschud' en verstevigd – dus elastisch en actief zijn –, is dat iets waarvan beide partners profiteren. Niet alleen de vrouw zelf kan door de drukgevoeligheid een voor haar onbekend genotsgevoel ervaren, maar ook de man, wiens penis door de ritmische weerstand van de vaginaspieren wordt geprikkeld als hij zich in de vagina beweegt.

De natuur toelaten

In het wild levende dieren leiden een bestaan in overeenstemming met de natuur en hebben schijnbaar geen seksuele problemen, maar dieren zijn wat hun levensstijl betreft geprogrammeerd. Hun handelingen worden door driften en instincten bepaald en daarom paren ze als het tijdstip daarvoor is aangebroken. Als het vrouwtje niet bereid is tot paren, is de geslachtsdaad onuitvoerbaar. Wat eveneens een feit is: Dieren kunnen zich niet 'verkeerd' bewegen – verkeerd functioneren is uitgesloten.

Dat kan van de mens niet gezegd worden. Wij leiden geen leven dat in overeenstemming is met de natuur. We hebben weliswaar net als dieren driften en instincten, maar ook een wil en gevoelens. Op grond van zijn hoogontwikkelde zenuwstelsel kan de mens de meest vreemde bewegingsopdrachten uitvoeren en het is onze zegen dat wij ingewikkelde dingen kunnen leren. In tegenstelling daarmee schuilt juist in deze hoge ontwikkeling ook de vloek dat wij ons 'verkeerd' kunnen bewegen. Het is mogelijk verkeerd te functioneren, zowel psychisch als lichamelijk.

Sigmund Freud heeft zowel over het menselijk vermogen zich cultureel te sublimeren als over de gevoeligheid voor neuroses geschreven. Steeds weer staan wij voor tegenstellingen: zegen – vloek, ontwikkeling – ontaarding, cultuur – chaos

Op het terrein van het lichamelijk verkeerd functioneren zijn bewegingsproblemen uiteindelijk bijna altijd coördinatie-problemen en om misverstanden te voorkomen moeten we op deze plaats ons eerst kort op het sturen van bewegingen richten.

Ik denk nog vaak aan de woorden van de muziek- en gymnastiekpedagoog Heinrich Medau bij wie ik in mij jeugd bewegingsmuziek studeerde. Bij de eerste les zei hij tegen me: 'Je denkt te veel en voelt te weinig. Vergeet wat je hebt geleerd en steek je voelhorens weer eens uit. Later kan al die kennis je altijd nog van pas komen.'

De bewegingen van de mens worden op verschillende wijzen door zenuwen aangestuurd. Als een bevel van de hersenen via de zenuwen naar de spieren wordt gezonden, kan dat via verschillende zenuwbanen. Een specifieke groep zenuwbanen, de piramidalen, wordt met name bij de mens en bij de mensapen aangetroffen. Deze zenuwbanen regelen afzonderlijke *bewuste* nieuwe bewegingen totdat deze zijn aangeleerd en dan automatisch verlopen.

Een andere groep zenuwbanen (de extrapiramidalen) hebben we met de dieren gemeen. Deze groep zorgt voor samengestelde bewegingen, een groter bewegingspatroon (een soort all-in-reis waarbij alles is vastgelegd) en wordt in hoge mate aan de *onbewuste*, automatische sturing overgelaten. Deze zenuwbanen hebben zich in de loop van ontelbare generaties ontwikkeld die de beweging zo 'gepolijst' hebben dat ze vanzelf verlopen. Deze bewegingen worden met name teweeggebracht door voorstellingen waarbij de nadruk op gevoelens ligt en door handelingen die men bewust met de wil uitvoert – of ze ontstaan spontaan bij een bepaalde situatie.

Daarom kan men spreken van willekeurig gestuurde in tegenstelling tot gevoels- of instinctmatig gestuurde bewegingen.

Deze heb je meegemaakt toen je op de grond lag en met het bekken schommelde en je daarbij een wijzerplaat voorstelde. Je stelde je de beweging voor, het doel ervan en je dacht niet na over de uitvoering ervan – en daarom was de oefening zo gemakkelijk voor je. Bij dit voorbeeld gaat het om een extrapiramidale aansturing.

▸ Kort samengevat: Spontane bewegingen verlopen onbewust en worden doelgericht gestuurd (de kortste weg naar het doel – de kleinste krachtsinspanning). De bewegingen zijn geprogrammeerd en gaan vanzelf van start als de handeling gewenst is. Daarom is direct duidelijk dat wij, hoe verder we van de natuur verwijderd raken, almaar meer problemen krijgen met onze bewegingsprocessen. Daarom moeten we bewust weer richting natuurtoestand en ook onze gevoelens en spontaniteit tot hun recht laten komen.

De kunst van de liefde

Er zijn tijden geweest waarin opvoeding gelijk stond aan onderdrukking van de menselijke natuur, tijden waarin de natuur gedresseerd diende te worden. Dat kon gemakkelijk tot ontaarding en chaos voeren. Tegenover onderdrukking staat cultivering, wat veredeling betekent. Veredeling kan zijn het integreren van kennis, kundigheid en liefde – met als eindresultaat kunst. Het is verleidelijk om de ene vorm van kunst met een andere te vergelijken. De kunst van de liefde met die van de muziek. Hopeloos onhandige beginnerspogingen bij de seksuele liefde komen overeen met wat gebeurt als iemand die niet kan spelen op een ongestemde viool probeert te spelen. Een plompe vioolstok en een slappe en passieve snaar kunnen onmogelijk muziek voortbrengen – dat leidt tot een fiasco. Het lichaam laat zich gemakkelijk vergelijken met een instrument dat bewerkt en verbeterd kan worden zodat de mogelijkheden ervan ruimer worden. Precies zoals het instrument moet worden gestemd, moet ook de mens in de stemming worden gebracht om te kunnen komen tot buitengewone prestaties.

▸ Ongeacht om welke opdracht het gaat, lust is de sterkste motivatie. Een vrouw wil gestimuleerd worden om in de stemming te komen en zin in seks te hebben. Aangezien de mens een psychosomatisch geheel is, kan de stimulans zowel psychisch als lichamelijk van aard zijn.

Tenslotte nog een enkel woord over opwinding (stimulatie). Zoals al beschreven bestaat er een natuurlijke behoefte aan orgasmen. Het is het 'lokaas' van de natuur. Het geslacht moet zich immers voortplanten en daarom is ervoor gezorgd dat wij uit lust en drang paren vormen. De drang komt overeen met de in het organisme verzamelde spanning die verlangt naar haar ontlading. Alleen al deze periodiek terugkerende behoefte werkt als een lichamelijke stimulans. Bovendien hebben we een aangeboren behoefte aan contact en tederheid en de wens een ander mens zo na mogelijk te zijn, kan werken als een psychische stimulans.

Op grond hiervan gaat seksuele opvoeding over meer dan spieren en orgasmes. Men moet eindelijk eens begrijpen dat het bij de geslachtsdaad gaat om een samenwerken van functies, om een totaalbelevenis en dat de lichamelijke belevenis niet uit zijn organische verbanden met gevoelens mag worden gerukt. De sterkst werkende drijfkracht is een gelijktijdig gevoelsmatige en lichamelijke stimulatie. Waar twee hartstochtelijke verlangens elkaar ontmoeten, ontstaan liefkozingen spontaan. De weg is geëffend: de tedere aanrakingen werken als een bijkomende versterking van de gevoelens en zo is het verdere handelingsverloop alleen nog maar gevoelsgestuurd – het 'komt vanzelf'.

Een natuurtalent lukt alles maar ook voor degenen die te veel denken en te weinig voelen is er hoop. Via hun inzichten en hun vaardigheden zijn ze in de gelegenheid willens en wetens hun natuur te respecteren zodat de gevoelens toch nog tot vrije ontplooiing komen.

Maar als er geen kennis, kundigheid en liefde is, is de geslachtsdaad tot mislukken gedoemd. Als het dus tot de geslachtsdaad komt door nieuwsgierigheid, door druk, uit geldingsdrang of iets dergelijks dan is dat een slechte start. Daarom kreeg een jong meisje het juiste antwoord toen zij generaties terug vroeg:

- 'Grootmoeder, *wanneer* moet ik me er aan over geven?' Een levenswijze oude vrouw antwoordde: 'Dat kan ik je heel precies zeggen, mijn meisje – pas dan als je het niet meer kunt laten.'

Register